阿佐ヶ谷姉妹の のほほんふたり暮らし

阿佐ヶ谷姉妹

幻冬舎文庫

阿佐ヶ谷姉妹の
のほほんふたり暮らし

はじめに

渡辺江里子（阿佐ヶ谷姉妹・姉）

この度は、私どもの本に目を通していただき、誠にありがとうございます。

「人生中盤にさしかかる独身女性2人が、6畳1間のアパートで同居している」という事が、様々な形で不思議がられ、とうとうそれを書いてみませんか、というお話にまでなりました。自分達としては変わった事をしているつもりでなかったのですが、世間さまからはどうも謎らしいです。

この本は幻冬舎さんのウェブサイトにて、リレー形式でエッセイを掲載したものに加え、未掲載のものと合わせて本にしていただいたものです。暮らしている中では、騒動や思う所が山程あるのに、いざ文字にするとぼーっとした2人がのほほんと暮らしている綴りばかり。お恥ずかしい限りです。が、ウェブ掲載時の反応や感想に励まされて、何とかここまで続けられました。

エッセイを書き始めた時には、まさか途中でこのふたり暮らしに大きな転機が訪れるなど夢にも思いませんでした。人生、本当にわからなくて面白いです。


さらに、それぞれ初めての小説に挑戦してみました。普段波風立たない日常にどっぷり浸かっている姉妹から、どんなお話が生まれたのか。「初めて」という点を大いに加味してお読みいただければ幸いです。

ある種の生き方の本ではありますが、しっかりした事も特に書いておりません。どうぞ気ままに、電車の中、お布団の中、お手洗いの中。たとえが中ばっかりになってしまいましたが、中でも外でも、お好きな所でお好きな時に、お読み下さいませ。

それではよろしくお願い致します。

◉目次

第2章　妙齢事情

第3章　引っ越し騒動

※「3月のハシビロコウ」「ふきのとうはまだ咲かない」の2つの書き下ろし恋愛小説は、姉・江里子がしばしば登場しているテレビ東京「ゴッドタン」内の企画「私の落とし方発表会」（こんな相手&シチュエーションなら恋に落ちてしまうわ、という台本を自ら書き自ら主演する人気コーナー）の枠組みをお借りして、新たに2人が執筆した小説になります。

第１章

阿佐ヶ谷ふたり暮らし

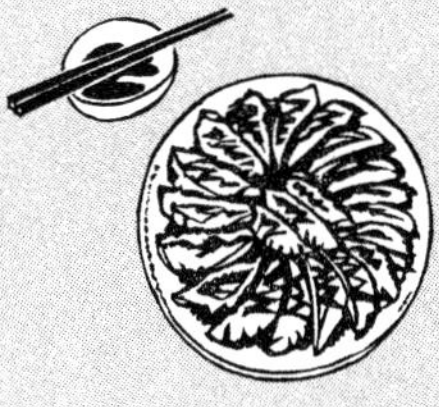

ゴキンジョサン　ノ　サシイレ　ノ　ギョウザ

6畳1間の布団事情

深夜1時の阿佐ヶ谷。コタツ越しに見えるみほさんは、かすかにいびきをかきながら眠っています。

みほさんは、普段も静かで、いびきも静かです。

私は出来るだけ大きな物音をたてないよう、こそこそとコタツに向かっています。

深夜だから？　いいえ、コタツのすぐ下に、みほさんの足があるから。

元々は私の家だった、と言ったら、すごく小さい人間と思われるかもしれませんが、今2人で住んでいるこの部屋は元は私が最初に住んでいて、みほさんは後から同居した形になるんです。

同居までの道のりも長かった。とにかく寝るのが好きなみほさん。自宅より、駅から近い私の家で、「少し休憩したら、帰りますから」とかいいながらぐっすり朝までコースが週5位続くようになり、もうこっちに住んでしまった方が、経済的にも体力的にも楽なんじゃない？　と同居を持ちかけたのは実は私の方で。

すぐ乗ってくれるかと思いきや、みほさん、なかなか首を縦に振らず。

え？　なんで私の方がこんなに頼んでるみたいになってるの？　と、何だかわからなくなる程押し問答が1、2年続きました。で、結局「お金が厳しい」という最もシンプルな理由により、ようやく同居を始めた訳です。

前説明が長くなりましたが、何が言いたいかといいますと、そんな後から入ってきた方が今、我が家の6畳の内、ほぼほぼ4畳位を使って堂々と寝ているのに対し、私が座布団ではなく布団の上に正座して、テーブル下のみほさんの足に接触しないよう気をつけながら、こうして細々と文章を書いているのを、時々不思議に思ったりするのですが、これはグチでしょうか。

ひとり暮らしの頃は、主に東枕で、縦向きで寝ておりました私。みほさんも、当初縦向きで寝ておりました。6畳1間に2人で布団で寝る、となると普通は横に並べて枕の向きも一緒で、という、いわゆる旅館スタイルをまっさきにイメージされるのではないかと思いますが、我が家では、そうではなく、頭が並ばないよう布団をずらして寝ておりました。お互いのパーソナルスペースをそれとなく分けている感じを出すのと、みほさんの「寝ても起きてもお姉さんの顔が見えるのは、つらい」という意見（いや、つらいってどういう事？　って話ですけど）もあってです。

しばらくはそのスタイルのままだったのですが、お仕事の関係で部屋をステキにアレンジしていただいてから、生活動線が若干変わり、2人ともコタツを挟んで横、横で平行に布団を敷くようになりました。そして、顔があまり見えないよう、みほさんは南枕、私は北枕で寝るようになりました。

縦だの横だのわかりにくいわ、と思われている方もいらっしゃるでしょう。そんな方のために、解説の図をかきましたので、ご参照下さい（17ページ）。

しかしこの歳になってこんな夜中に、これ程布団について記す事になるとは思いませんでした。それも、自分の布団の上に正座して。

はっ！　コタツの下のみほさんの足の指が動いています。寝ている時にこのように指が動くのは夢でも見ているのでしょうか。病気とかではないですよね。

そうそう、みほさんの足が思い出させてくれました。何が言いたかったかというと、最新の部屋のレイアウトでは、お互い横横で布団を敷いて寝る流れになっているのに、みほさんだけ、その日の気分によって、横だったり縦だったり、好きに寝ているのです。

「顔を踏むから」「顔がイヤだから」と、何故か顔縛りの理由で私に横布団、北枕を強要するくせに、みほさんは好きなように寝るばかりか、何なら布団も壁からじわじわと離し、己の陣地を基本の1畳から、4畳位に広げつつあるのです。

完全におばさんのグチが書かれた、日記帳になってしまいました。

とはいえ、睡眠を取れる自分の布団があり、うちに帰った途端、一言も話さないような関係でもなく、話を聞いてくれる、語ってくれる相手がいるというのは本当にありがたいので、モヤモヤする気持ちの上に感謝の気持ちでふたをして、しばらくは北枕のまま、横に寝ようと思います。

あ、みほさんが寝返りを打とうとして、今コタツの縁に足をぶつけ、痛がっています。みほさんは、痛がり方も静かです。私も静かに寝たいと思います。

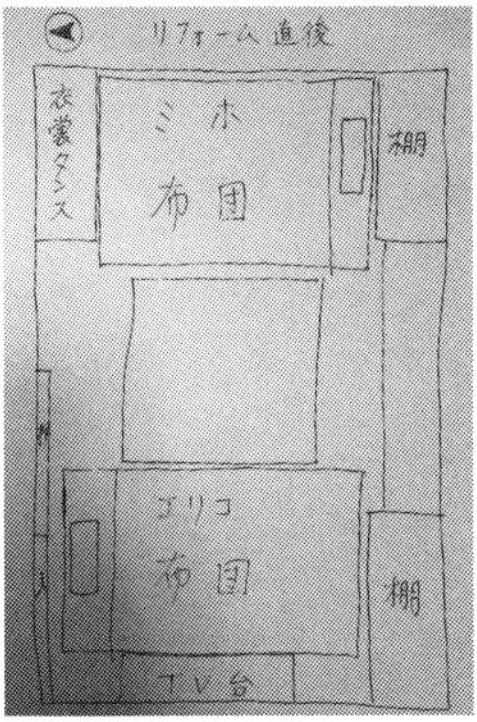

▲もともとの寝床の間取り。

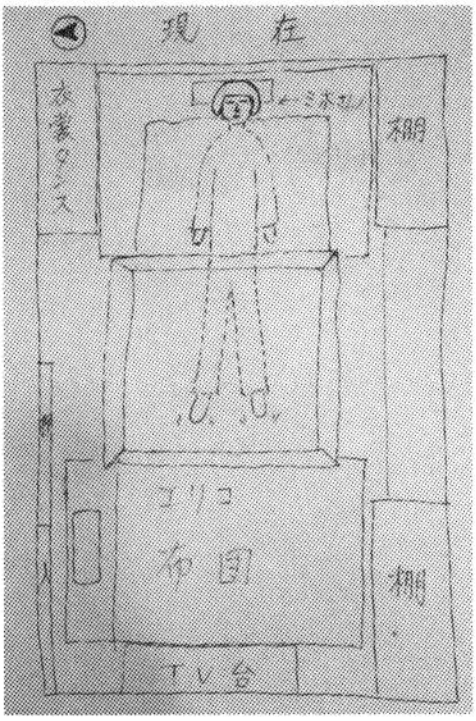

▲今の不公平な間取り。

虐げられている物達

我が家にははっきりした決まりはないのですが、家事の分担はなんとなく姉がご飯担当、私は掃除担当となっております。

昼ご飯は焼きそば、ネギトロ納豆丼、夏は冷やし中華をよく作ってくれます。夜はご近所のお煎餅屋さんが時々おかずを下さるので（手作りコロッケ、シチュー、カレー、ハンバーグ、ほうとう、漬物、野菜など。ありがたや！）、そのおかずと共に姉がご飯を炊き、味噌汁を作ってくれたものを食べたり、昔から通っている中華屋さんに行ったり、仕事先でもらってきたお弁当などを食べております。

姉がご飯を作ってくれるのはありがたいのですが、調理後に台所に行くと必ず、ないがしろにされている物があるのです。

さぁ今日はどうでしょうね……あっ早速発見しました！　電子レンジの上のザルの後ろに輪ゴムが、あっそしてワゴンの上の乾物が入っている缶とコーヒーの瓶の隙間に焼きそばの袋を留めてあるヒモが！　ちょっと目につきにくい所に置き去りにしているのが悪質です。か弱き物を。

あぁ台ふきんが転落死しています。流し台の縁から突き落とされたようです。しかも私のお気に入りヤンバルクイナ柄の台ふきん！　むごいあまりにむごい……南無阿弥陀南無阿弥陀。

こんな事件が何度繰り返された事でしょう。

台ふきんが嫌いなのは前からです。姉は鼻が大きいせいか、生乾きや嫌な匂いにとても敏感です。私が気付かない匂いにも「はっ、何か匂う！」と警察犬のように反応します。一度警察犬と匂い嗅ぎ対決してもらいたい位です。それはいいとして、なんとなく湿った台ふきんを毛嫌いし、シンクが水でビシャビシャになっても拭きません。焼きそばを作っているうちにどんどん台ふきんを隅に追いやるのか、見ると台所の床の隅に無残に台ふきんが落ちているのです。

落ちているのはあんまりだなと思うのですが、姉の気持ちもわからなくないので、ヤンバルクイナ台ふきんがちょっと汚れたら漂白して他の洗濯物と一緒に干すのですが、ふと見ると他の洗濯物は取り込まれているのに、ヤンバルクイナだけは、窓際に落ちているのです！

姉に「何でヤンバルクイナだけ落っことすの？」と聞くといつも「気付かなかった」と言うのです。恐ろしい……無意識にヤンバルクイナを虐げているのです。どうやら、洗った台ふきんも触りたくないようで、理想はキッチンペーパーで拭いて1回で捨てるのがいいそうです。

うーむ確かに、姉の主張を聞いたら私も台ふきん廃止派に傾いてきました。その方が手間もかからず清潔でいいかもしれません。

残りは2つです。あの焼きそばの袋に付いている赤や青のヒモは調べてみたら、ビニタイというそうです。

輪ゴムとビニタイが冷蔵庫の上やら、シンクの上やら床に落ちていたりするのです。また姉に「何で落っことすの？」と聞くとまた「気付かなかった」と言うのです。

先日冷蔵庫の下を掃除したら、ほこりと共に輪ゴムとビニタイが5、6本出てきました。

またもや姉の仕業です！　しかし怒りより一体何故？　と思ってしまいました。


存在が小さいからかな？　とも思ったのですが、納豆に付いている使わなかったカラシやたれはちゃんと冷蔵庫のポケットにしまいますし、食パンの袋に付いているプラスチックの留め具も落ちていないのです。


ある晩も仕事先でもらってきた鶏の竜田揚げが入っているお弁当を食べたのですが、次の日お弁当を留めてあった輪ゴムがコタツの下に落ちていました。

このお弁当にも小さいカラシが付いていて割り箸の中に爪楊枝も入っていたのに、それらは落ちていないのです。やはり姉は無意識にでも「選んで」落としているのです。

しかもこのお弁当の輪ゴムは普通の輪ゴムの3倍位の大きさの存在感のある輪ゴムなのです。気付かなかったとは、もう言わせませんよ！

名探偵金田一耕助のように考えていた時、私はある出来事を思い出したのです。

姉が手首を痛くしてテーピングを巻いていた時、なんか臭いなんか臭いと部屋中を嗅ぎまわり、結局テーピングがゴム臭かった事を！　姉はゴムの匂いも嫌いだったのです。結局匂いかい！


あ〜謎が解けてすっきりしました。じゃあビニタイも臭いのでは？　とクンクンしてみたら何の匂いもしません。うむむ……ビニタイの謎もいずれ解決したいと思います。

♫知りたくないのに〜知ってしまう姉の癖　ああ〜面白哀しいふたり暮らしなの〜（作詞作曲みほ）。

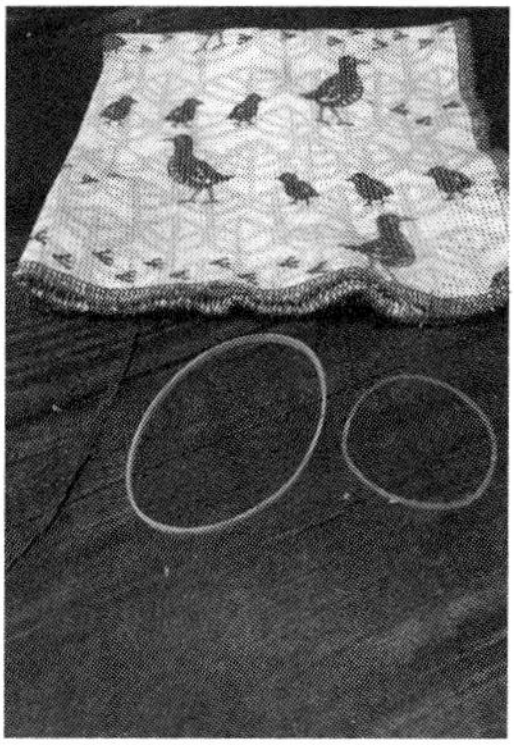

▲姉が台所で避けてきた物達。ヤンバルクイナ台ふきん、ビニタイ、お弁当に付いていた大きい輪ゴム、普通の輪ゴム。

似たもの同士、でも。

見た目が似ているという所が活動のきっかけの一つとなった私達ですが、一緒に暮らしていると容姿以外の部分でも何かしら似かよってきてしまう所があります。買い物先で買うものといえば、トマト、豆苗、アボカド、オクラ、納豆、チーズ、牛乳もしくは低脂肪乳。こざっぱりした格好が好きだったり、愛や恋やお金の話より、動物やお笑いの話に花が咲いたり。

お手洗いに行きたくなって腰を上げると、「私の方が、先に行きたいと思ってたのに！」と、テレパシーレベルでしかジャッジできない事を言われますし、キッチンにみほさんがいる時によく、ふらふらとキッチンに行ってしまい、「何でこんな狭い所に同時に来ちゃうの？」と言われたりします。

大体においてみほさんは、性質が猫タイプなので、自分のテリトリーに他のものが侵入するのを好みません。その点私はどちらかと言えば犬タイプ、身内の姿が目に入ると、つい嬉しくなって近づいていってしまい、フシャー！　とやられてしまいます。

話がそれました。

最近2人とも身体にガタがきて、私は右手首、みほさんは腰に痛みを少々感じ、整骨院に通いだしたのですが、別々に行動していても、どちらかが整骨院に入ったその5分10分後には、なぜかもう1人が現れる合流現象が起こります。

受付さんが、来た人の名前を隣の施術部屋に通る声で伝え、先生方が復唱するシステムがあるのですが、「渡辺さん受け付けました」「渡辺さんですね～」の少し後に、「木村さん受け付けました！」「フフ木村さんですね～フフフッ」と、いつも真面目に受け答えする先生方のコールに少し意味深な笑みが加わり、うつ伏せに寝ていても、姉妹のワンペア揃った事がわかります。

別々に家を出ながら、ドラッグストアやスーパーで再会したりすると、私はちょっと嬉しくてにやついてしまうのですが、みほさんは私の顔を見るとちょっと眉間にシワを寄せ、「いたな」と言います。あれはどういうつもりなのでしょう。ものすごく嫌という所までは行っていない感じ、いえ、ものすごく嫌ならそれはそれで本当に困るのですが、ただ、これだけ付き合いが長いのに、にこやかな表情はほぼしないのです。猫が自分のナワバリを歩いていた所で、別の猫を見つけてハッと警戒する、まさにそんな表情です。みほさんはやはり猫なのでしょうか。

では、ずっとそのような警戒態勢が続くかというとそうでもなく。

例えばこのようにエッセイを書いていると、みほさんも同じ頃に書いていて、私が書けずに悶々としている時でも関係なく、「これってどう思いますか?」「これ、読んでもらえますか?」と矢継ぎ早に話しかけてきたりします。その上、その文章が面白かったりすると、ますます腹立たしい。

そして、緊張するお仕事場などでは、私がお手洗いに行こうとすると「私も行きます」とつるんできたり、飲み会の席などでも、最初離れて座っていて、しばらくして隣の席が空いて座れるようになったりすると、「いやぁ、お姉さんの隣だと落ち着きますなあ」と、どこのパブの中年紳士だ、みたいな口調で並んできます。そんな事を言われてしまいますと、犬型の私は「こういう時だけ、調子いいですなあ」とか言いながら、ついシッポをふって喜んでしまいます。簡単な女です。

ネタ作りの時は、「ネタ考えましょうか」と、相手に言われるまで、出来るだけ時間を引き延ばそうとして、そのくせ「なぜ率先してネタ作りましょうと言わないのかしら」とどちらかが言うと、「それはこっちのセリフよ」の応酬があったり。相談していないのに、似たような白シャツ、カーディガンとパンツに黒の靴の組み合わせになって、「そっちが真似したんでしょう」と言い合ったり。

ほうじ茶は美味しいという話で、10分15分話し合えたり。普段から低い声なのに、朝方はより一層、地をはうような低音で、２人してお互いの声が驚く程聞き取りにくかったり。もはや似ているというレベルではありませんね。

個々のタイプの違いはありつつも、似通ったところや共通点をすり合わせて、共生している２人でございます。

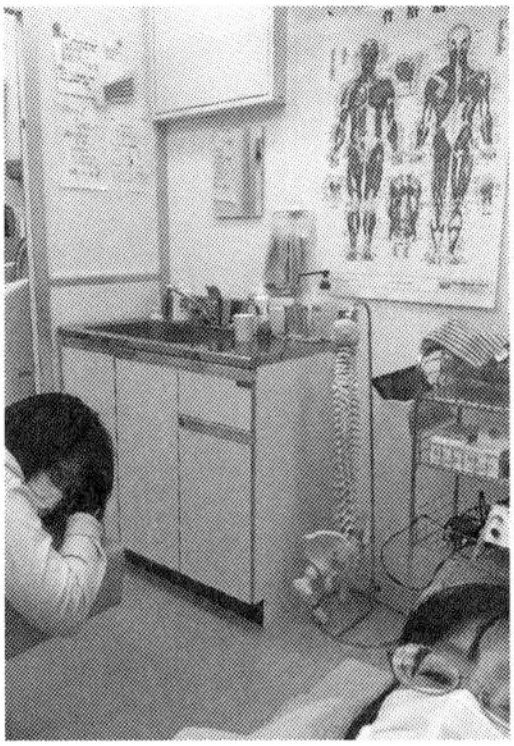

▲整骨院での我々。たまたま隣のベッドになった日に。お世話になっている阿佐ヶ谷すまさん整骨院にて。

姉よ、そんなに私が好きなのか

姉とふたり暮らしを始めて5、6年経ちますが、6畳1間にふたり暮らしだと言うと、「よく住めるね、私だったら絶対無理だわ」とみんなに言われます。確かに私も無理だと思っていました。ひとりっ子ですし。最初はお金も苦しかったので、仕方なさ半分で同居を始めました。

今の所、怒鳴り合いになった大きいケンカ、夜中耐えられなくなって家を飛び出したなんて事もありません。人より忍耐力があるのか、ぼーっとしているのかよくわかりませんが、そんな私でもたまに1人になりたい時は、阿佐ヶ谷の1つ手前の高円寺駅で降りて歩いて帰ったり、阿佐ヶ谷の西友に行ったりします。

あと仕事が続いて疲れた時などは一日中家の布団から一歩も出ず、何も喋らず、ひたすら寝て、近くにあるものを食べ、また寝るという、みほシャットダウン状態になります。
こんな感じでバランスをとっております。

しかし、姉はふたり暮らしを始めてこのかた1人になりたがるそぶりをまったく見せたことがないのです。私が1人になりたがると、なんだか寂しそうな顔をするのです。
いや、おかしいでしょう。家でも一緒、移動も一緒、仕事も一緒、帰りも一緒なのにですよ！　絶対おかしい！　何かあるんじゃないの？　怖い昔話の、ご飯を食べないという嫁が夜な夜な頭の後ろについている口から、ご飯をもしゃもしゃ食べている絵が思い浮かびます。ちょっと違いますかね？　とにかく、みほの魅力はそんなに溢れまくりなのでしょうか？　男性は誰も寄ってきませんが……。

ある時、2人で6畳は狭いから、2間ある所に住みたいなぁと話していたら、また寂しげな顔をしたので、
みほ「一緒に住んでて、不満ないの？　ない事ないでしょう？」
と聞くと、そうだなあ～あるかなぁ～っとしばらく考え、みほが頼んだ宅配便が午前中

に来ると起こされるのが嫌、玄関に早く出ていかないのが気になるから午後の便にしてほしいだの、寒い時にエアコンをつけたいけど、みほが乾燥するのを嫌がるから、つけさせてもらえないのが嫌だの。不満がないのかと思ったら、結構言ってきたので、なんだか腹立たしかったです。

ある時も、みほシャットダウン中だと話せなくて寂しいみたいな事を言うので、
みほ「じゃあお姉さんにとって私は何点なんですか？」
と聞くと、
姉「100点じゃなくて申し訳ない、97点です」
えええ～（汗）？　100点じゃなくて、申し訳ない？？　そんなに高得点なの？　何をもって97点なのか？？　姉の母性が行き場を失って、みほの高得点になっているのかしらと思ったら、なんだか少し悲しくなりました。どのあたりが高得点なのかと聞いた所、
姉「なんていうか日々のみほさんがいいのよね～」
と言うのです。

日々のみほさんとは、日中、機嫌がものすごく悪かったのに、夜は元気になってものすごく話しかけてくるとか、お肌は日々のお手入れが大事なんですよと熱弁を振るうのに、大袋のポテトチップスをボリボリ食べ、夜、顔にニキビの薬を塗りたくっていたりとか、YouTubeのカッコウの托卵、羊の毛狩りの動画について熱弁を振るうみほなどがいいそうです。

ちなみにマイナス3点は何ですかと聞くと、姉は掃除が苦手で、心の準備が必要なので前日に明日掃除すると予告してほしいのに言ってくれない。朝、どちらが先にお風呂に入るのかを1ヶ月ごとの交代制にしたいのに、守ってくれない。一緒に仕事で外出する時、黙って出ないで「出ますよ」と一言ほしい、だそうです。なんか前もって系ばっかりですけども。

最近は仕方ないので、「先に出ますよ」と言うようにしております。97点と言われた時、私から見て姉は何点だろうと考えると頭の中にパッと「53点」と出てきたのですが、姉には内緒にしておきます。

▲イタリアのフィレンツェへ行った時の写真。鼻に触ると幸せになるというイノシシ像の前で。

おすそわけ、わらしべ長者

阿佐ヶ谷に住んで約23年、今の住まいで9年、みほさんと同居して6年ほどになります。ずっと住み続けている理由の最大ポイントは、ご近所に恵まれている所です。平成の世ながら、昔から変わらぬご近所付き合いが続いている所が、何ともありがたく、居心地よく。特に八幡煎餅さんは、ご家族ぐるみでよくして下さるご近所さん。私がひとり暮らしをしている時から、目が合うと朝晩のご挨拶をして下さるので、こちらからもご挨拶するようになり、そのうち「今日は暑いわね」とか「お出かけだった？　お疲れ様～」とか軽い会話が続くうちに、「おねえさん、今日煮物いっぱい作っちゃったの、もらってもらったら、困る～？」とカボチャや筑前煮から始まり、いつの間にか、シチュー、コロッケ、鮭ハラス、ほうとう、餃子、煮込みハンバーグというメイン料理にまで及び、我が家の食卓が、差し入れのお惣菜だけで足りる程のいただき物をするようになってしまいました。

その中でも焼き餃子は、餃子の街、宇都宮育ちの私エリコの厳しい舌をもうならせる逸品。自作やお店、数々の餃子を食べ歩いた中でも「阿佐ヶ谷姉妹杯　美味しい餃子ランキング」殿堂入りのお味です。

中の餡のお肉とお野菜のバランスもよい上に、鶏ガラスープを仕上げに入れて焼き上げる事で、中ふんわり外パリパリ、全体的にしっかりとお味のついた、そのままでも冷めても、何とも美味しい餃子に。ああ、今書いていても食べたい〜。

餃子も、最初は5、6個のおすそわけ常識の範疇での分量だったのですが、そこにみほさんが同居し始め、2人しておいしかった〜おいしかった〜と素直な感想を伝えるうちに、10個になり、15個になり、気付けばフライパンぎっしりグルッと敷き詰めて焼いて下さったものをそのまま、姉妹のためにおすそわけいただくようになっていました。

私達が自宅にいる時に、わざわざ「これから餃子焼くけど、こまる？　困る〜？」と聞きに来てくれた上で、焼きたてのものを下さるのです。

何という愛情！　私達への優しさもさる事ながら、美味しいお料理を、美味しい状態でおすそわけしてくれようとする、そのこだわりがお料理のすみずみにまで溢れていて、ますますひとくち一口が胸にお腹に沁みわたるのです。

「『ぷっ』すま」という番組で、自宅で手料理を振る舞うというロケにて、ステーキ丼を作るも、ちょうど差し入れて下さった餃子を食べた草彅さん、ユースケ・サンタマリアさん、FUJIWARAの藤本さんに「今まで食べた餃子で一番うまい！」と絶賛され、御三方とも美味しすぎてそればかり食べてしまうという、まさかの展開になりました。

阿佐ヶ谷関連の話を取材される度、ついこの餃子の事を言ってしまい、そうすると「ぜひ見てみたい！」という流れになり、お煎餅屋さんにお手間をかける事になって申し訳なくなり、最近は言いたくてもお口にチャックするようになりました。

私もいただき始めの頃は、自分でも作ったものをお返ししなくてはとチャレンジした事もあったのですが、豚の紅茶煮を作っておすそわけした次の日、お煎餅屋さんから手作り具沢山ピザをいただき、その具に差し上げた煮豚が細かく刻まれ、さらに美味しくアレンジメントされているのを見て、「これはもう、何をやったりとったりしたかわからなくなっていらっしゃるのかも。混乱を招くのはやめよう～」と、自分なりに都合の良い解釈をし、地方に行った折々で、お土産を買ってきたりしています。毎回とても喜んで下さり、そしてその後のおすそわけの倍返し感ハンパなく。結果、両手がふさがるほどのお返しをいただいて、ドアノブをおばさんに回してもらって帰ってくる始末です。

お煎餅やお赤飯を買わせてもらう事ももちろんあるのですが、少し買うと、その3倍くらいのおすそわけをいただいてしまい、得させているのか損させているのかわからない状態になってしまうので、なかなか難しい所です。つくづくありがたい話なのですが。


こんな、恵まれたおすそわけわらしべ長者な生活をしておりますと、6畳1間の狭苦しいふたり暮らしに多少難があっても、この環境以上の所などないのではないかと思わずにはいられません。男性とのご縁にはあまり恵まれなかったけれど、お煎餅屋さんはじめ、お隣の大家さん、周りのご近所さん、これだけ良いご縁に恵まれたのだから、これ以上何かを望んだらバチが当たりそうです。

姉妹は感謝で頭を垂れながら、徐々に徐々に体脂肪を実らせるのでした。めでたし、めでたし。

▲とある日の餃子の差し入れ。見事に円を描いた焼きたて餃子に、特製ダレ、中華風卵スープ、きゅうりの浅漬け、小玉スイカのフルコース。カメラで撮る前に、堪えきれず１個つまみ食いしてしまいました。

白髪染めとポンヘアー

かれこれ、もう15年以上通っている美容院があります。隣町の高円寺にある「ポンヘアー」です。略してポンです。ポンに出会う前は、美容院難民でした。友人に教えてもらった、美容院の専門学校の先生や生徒さんがやっているお店（値段が安かった）に、菅野美穂ちゃんがふんわりパーマをかけた写真を持っていき、「こんな感じにして下さい」とお願いしたら、柳家喬太郎師匠みたいになったり（今でも思い出した時恨んでいます）。私も若かったので、女性誌を見て探した渋谷の美容院に何回か通ったりしていた時がありました。でも白いし、高いし、うるさいし！　私には合わない〜疲れる〜（泣）と困っていた時に、まだコンビを組む前の姉に紹介してもらったのが、ポンでした。その当時、ポンはカットが１５００円！　高円寺ののどかな雰囲気の通りにあり、店内も木目調の茶色で、店長も静かめの人で、おばあちゃん猫もいた（今は死んじゃったのでいません）。高円寺、

茶色、安い、静か、猫。いい！　いいわ！　私はポンに通うようになりました。

30代半ばから白髪が目立つようになり、ポンで染めたり、自分で染めたりしていたのですが、染めると頭皮が痒くなりだしたので、いいのないかしらと困っていた時に出会ったのが、染め粉「M」です。

普通の染め粉は1剤と2剤を混ぜて塗り、30分位おいて、洗い流せば終わりです。Mは1剤を塗って30分位おいた後、2剤を1剤と混ぜ合わせるように頭に塗り、また30分位待たないといけないのです。これが手間で!!　痒くならないのはいいのですが、2剤目を塗った時に、1剤に反応して、どんどん黒くなっていき、出来上がりは岸田劉生の麗子像もびっくりな、漆黒のおかっぱです。終わった時は、もうクタクタです。


自分で染めるのが嫌になり、ダメモトでポンにMで染めてくれないかとお願いしたら、店長がいいと言ってくれたので、それからはポンにMを持ち込むようになりました。

アシスタントの笑うと八重歯がキラッと光る、大柄な金髪短髪の潔癖症お兄さんSさん。人の家の布団は気持ち悪くて寝られないだの、ホテルの歯ブラシは使いづらくて嫌い、ホテルの歯磨き粉も嫌い、マイ歯ブラシセットを絶対に持っていくだの、お兄さんが10言話した所で、そうそう、私もマイ歯ブラシ派です、と私が一言。

こってり系のラーメンが好きで、大好きな背脂を死ぬ程チャッチャッしてもらっただの、阿佐ヶ谷の食堂のチキン南蛮が大好きだの、グルメ話がしばらく続いた所で、ほぉ〜それは美味しそうですねと言うものの、それはちょっと共感出来かねますなと内心思いつつ、面倒な事をしてもらっている後ろめたさで、共感している風を装いながら染めてもらうのですが、カットと白髪染めが全部終わるのに4時間かかるようになってしまいました。染めてもらっても、みほもうグッタリです。

Mを始めて2年程経ち、Sさんも2剤を塗る時に空気を含ませるように塗ると染まりがいいと独自の技も編み出し、もはやMのプロフェッショナルになった頃、Sさんにもポンにもなんだか悪いなという思いが強くなり、Rという1回塗れば済むのを見つけ、買ってみました。染まり具合も悪くなかったので、Sさん、いい白髪染めが見つかりましたよ！　これからは自分で染めますから、ずっとありがとう！　と伝えるべく、ポンに行きましたら、Sさんが、消えるように辞めていました。

ああ〜Sさーん!!　なにゆえに！

そういえば、Sさんが辞める少し前のこと。櫛の先でビーッと、頭に分け目を作りながらMを髪の根元に塗ってもらうのですが、その日はなんだかビーッとする力が強く、「いてててて」と思い鏡越しにふいにSさんを見ると、八重歯を出して、ニッと笑っていて、はっつっつとなった時がありました。Sさん、あの時どういう感じだったのでしょう？　Mの切れ目が縁の切れ目……。今はどうしているんでしょう？　と思っていたら、風のうわさで北海道で美容師さんを続けていると耳にしました。

こってり系のラーメン屋さんの前を通る時、Sさんのあの笑顔を思い出しております。

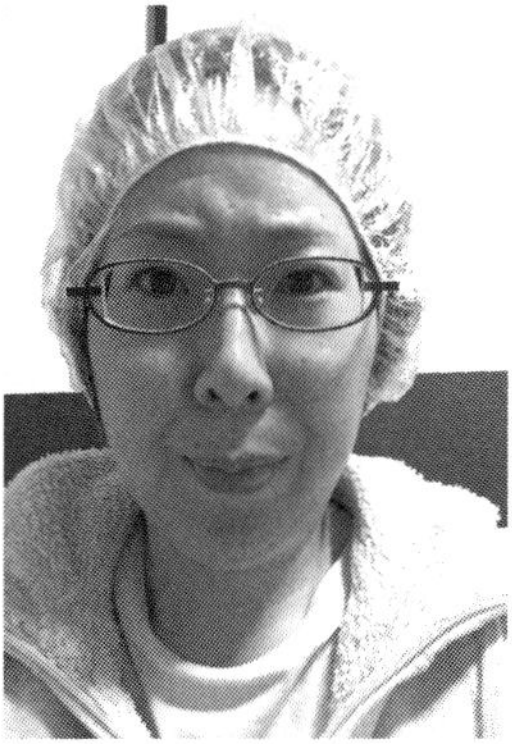

▲自宅にて。「R」で白髪染めをする私。染めをよくするため、ラップを巻いてからシャワーキャップを被っております。

似てそうで似ていない所

元々好きな演劇やお笑いの好みが似ている、という事から仲良しになった私達。ですが、ふたり暮らしをしてみて徐々に、好みの似ていない所もあるという事がわかってきました。

最近特に、似ていなさを感じた1つが、映画です。みんなが大好きジブリ作品で比べると、みほさんが一番見ているのは「もののけ姫」。みほさんは、「もののけ姫」を見るために映画館に何度も足を運び、一日3回上映されるのを、3回すべて、つまり一日中ずっと見た事もあったそうです。その上ビデオ（時代！）も買って、繰り返し見ていたとか。どこがそんなに好きだったのか聞いたら、「アシタカが呪いにかけられた手で、何十人かかっても開けられなかった扉を開ける所とか、シシ神様の顔が能面みたいな所が好き。音楽も相まっていいのよね」と。

シシ神様の能面顔見たさに映画館に一日中……う〜んさすがみほさん。対して、私エリコが一番見ているのは「風の谷のナウシカ」。人のみならず、虫や動物にも分け隔てなく愛を分け与えるナウシカの姿や、身を挺して王蟲の子を守り、ラスト、王蟲の作る金色の野を歩く姿に毎回泣いてしまいます。

先日自宅で、2人でナウシカを見ていまして、この映画での好きな所を言ったら、「私はちょっと違うかな」とみほさん。じゃあどこが好きなのと尋ねたら、「巨神兵がドロドロのまま起こされて、口からピシャーと火を出して焼き尽くす所とか」ですって。ラピュタでも、「ロボット兵達がビームを出して、ムスカの軍隊がドガーンとやられる所が好き」だそうです。実際にあったら、もちろんやるせないけれど、アニメの世界ならではで、ちょっと楽しいのだとか。

さすがみほさん、先日のロケで千鳥のノブさんから「ここ最近の芸人で一番やばい」と言われた女。

私は逆にピシャーとかドガーンというものより、コメディやヒューマンドラマ、じんわり笑ったり泣けるものの方が好きだったりします（「萌の朱雀」や「ラヂオの時間」「フル・モンティ」など）。年々、家族ものにも弱くなってきています。お年頃ですね。

なので、みほさん好みの「ハンニバル」や「ゴッドファーザー」は好んでは見ません。その事もあって、みほさんがその手の映画を見たくなると、私が寝そうになった頃に、ノートパソコンを自分の布団側に持ち込んで、こっそり見ていたりします。

ふと目が覚めると、オレンジの常夜灯のみの薄暗い部屋に「ハンニバル」をじっと見つめるみほさんの顔だけが、画面の光で青白く浮かんでいたりして、めちゃくちゃ怖い時があります。あれは、四十路女の心臓に悪いのでやめてほしい。


コンビを組むより随分前、みほさんに何かおすすめの映画はない？　と聞いたら、「さらば、わが愛　覇王別姫」と「ゴッドファーザー」を勧められました。

「私は幸せな映画はあまり見ない、破滅的な方が好きなんです。だからメグ・ライアンの映画とか見てないんです」との言葉に、この人はおっとりしているようで、ものすごく深い人なのかもしれない、と思ったものです。

また、「ゴッドファーザー」のおすすめポイントを聞くと、

「言う事を聞かなかった人の持っている自慢の名馬の首が切られて、その人のベッドの中に入れられていて、ギャーというシーンが印象的」

「ゴッドファーザーの言う事を聞かないと、こうなるぞ、という恐ろしさを象徴している」

「あと音楽がいい」

などなど、ものすごく熱く語ってくれます。

「激しい映画が好きなんでしょうね、私。愛憎に死も絡んでこないとダメ」

大女優へのインタビューの答えみたいな言葉もするすると。みほさんがすごいのか、ゴッドファーザーがすごいのか。


そんなみほさんと先日、2人でレンタルビデオ屋さんで何か見ましょうとなって借りたのが「ベートーベン」。かの音楽家の映画ではなく、ものすごく大きくて愛想の悪い犬のベートーベンが主人公のファミリー向け映画です。

もしやドガーンバガーンが好きではない私に気を遣ってくれたのかしら？　と思いきや、「ただ大きな犬が出ているから見たいだけ」との返事が。

覇王別姫からベートーベンまで、本当にみほさんの懐はいまだに読めません。

そんなみほさんと、一番最近家で見た映画は「サウンド・オブ・ミュージック」。私の心のバイブルな1作品です。みほさんは、今回初めてしっかり見たそうで、感想を恐る恐る聞いたら、「音楽がしっかりしていて、見やすかった」と。

そりゃそうだ、な話なのですが、みほさんが映画においても、かなりの音楽重視派だという事も、ここにきて再認識した次第です。

映画も、みほさんも、ふたり暮らしも、まだまだ奥が深い、深いわぁ。

▲狭い部屋なので、みほさんが正面、私が右サイドからの鑑賞となります。怖めの映画を見ている時、みほさんの顔をふと見ると、おちょぼ口の口角を上げてニヤニヤしていたりして、余計怖いです。

夏生まれと冬生まれの体感気温戦争

ミホです

あぁまた夏がやってくる……。私は夏が苦手です。朝から暑いとがっかりですが、姉は夏がくると嬉しそうです。私は11月生まれで冬が好きで暑がり。姉は7月生まれで夏が好きで寒がりです。私が暑がりと言っても大した事はないのです。暑がりだけど冷え性な所もあるので、クーラーも27度位でずっとつけていると、体が冷えてくるので28度に上げたりする程度の暑がりです。

真夏、私が1人出かけ、昼過ぎに汗だくで帰り、我が家を見上げると窓の外にめいっぱい洗濯物が干されています。玄関のドアを開けると、もわーんとした生暖かい空気が充満しています。窓全開でクーラーをつけずに蒸し風呂状態の部屋（さすがに扇風機はつけています）で姉がテレビを見ています。我が家は窓が南向きなので日当たりもよく、夏は押入れの中で目玉焼きが出来そうな位、室温が上がっているのに、姉はなんともない顔をしています。「暑くないの？」と聞くと「暑いは暑いよ」と言って私が帰ってくるとクーラーをつけてはくれるのですが、私と姉とでは体感温度が全然違うのでしょうか？　暑さを味わっていたいのか？　クーラーが苦手なのか？　体がイカれているのか？　謎です。

真夏の朝、私のシャワーの温度は一番低い設定の37度で、それでも熱いと水を足しつつ入るのですが、姉は42度で入ります。42度は私の冬のシャワーの温度です。私はシャワーから出た後は顔も真っ赤になり、なかなか熱さがひかないのですが、姉はシャワーから出た途端、なんともない顔で服を着てしまうのです。私だったら、しばらくパンツ一丁でいたい位なのですが（姉がいるのでさすがにTシャツは着ます）、姉は下着もすぐ着てしかもストッキングもすぐはけるのです！

暑いのにナイロンのあんなパッツンパッツンな物をすぐはくなんて私だったら拷問です。熱さがひかない私は、夏はシーブリーズを購入して、シャワー後全身に叩き込みスースー感を楽しみつつ部屋に戻るのですが、ふと姉を見ると鼻をヒクつかせたネズミのような顔をしています。
姉はスースーが嫌いです。理由は冷えそうだから。ミンティアは好きなのに。私が夏の間ずっと首に巻く保冷剤も保冷剤を入れるタオル地のカバーも嫌いです。汗を吸ったり湿ってきたりして、カバーから少しでも生乾き臭がした途端、また鼻を膨らませたネズミ顔になるのです。

こんな感じで暑いのは平気な姉ですが、風通しにはうるさいです。私はクーラーをつけていてもちょっと窓を開けるのが好きで、姉に何も言われなければ、だまって私側の窓を開けているのですが、姉がみほさんの方ばかり風が通ってずるいと時々主張してきます(両側を少しずつ開けると虫が入ってしまうので出来ません)。そんな時は「だって『みほさま』なんだから仕方ないでしょう」と言うと姉が「……そうねぇ『みほさま』だものねぇ」と納得するのです。姉に言わせると、私はひとりっ子で大事にされて育ったので、どこか姫さま気質があるようで、姉より私の方がえらいと思っている、私の方が敬われるべきだと思っている感じが時々出るようです。その気質を『みほさま』と2人の間で呼んでいます。

しかし夜中に暑くて起きるとちゃっかり姉側の窓が開いていたりするので、油断もスキもありません。また私側の窓を開けると、姉がうーんうーんとうなされて、干からびたネズミ顔をしています。

似た顔なのに全然違う！　人間って不思議ですね。

姉がなんで寒がりなのか？　私なりに考えてみたのですが、姉は汗っ手なので、手から熱が全部出てしまっているのだと思います。

熱帯夜、暑さで目を覚ますと、姉が首まですっぽりと布団に入り熟睡しています。さながら柩《ひつぎ》に入ったミイラのよう。こんな姉を見るとふたり暮らしに向いていないのでは？　と思ったりもします。

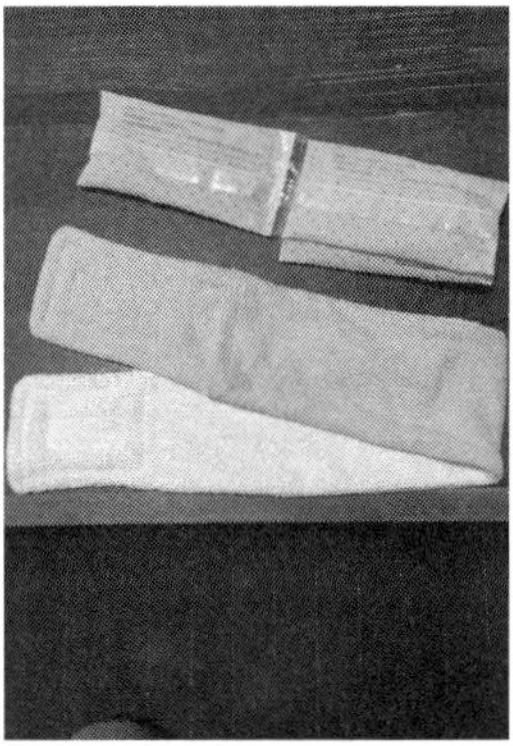

▲夏の間、愛用する保冷剤と保冷剤カバー。これで動脈を冷やして夏を乗り切ります。

朝陽のこと

阿佐ヶ谷でファンの多い、中華定食屋さん「朝陽《ちょうよう》」。夕方から深夜11時前位までおじさんがたった1人で切り盛りしている、カウンター7席ほどの小さなお店で、私が大学生の頃から、ずっとお世話になっています。

私は学生時代から、６００円のにら玉定食が大好き。みほさんも感化されて、２人で時時行っては、にら玉と、大ぶりな餃子やクセになる麻婆味の春雨などをシェアして食べています。結成直後にご主人が「後援会長にならなきゃな」と言って下さり、それからは「会長」と呼ばせてもらっています。阿佐ヶ谷姉妹の血肉を作ってくれている、とてもありがたいお店です。

もともとはご夫婦でされていたお店で、手際の良いチャキチャキな職人肌のおじさんと、マイペースでいつも笑顔な奥さんとの、ケンカしてるのかじゃれ合ってるのかわからない掛け合いが、何ともハラハラ面白く、来店の密かな楽しみでもありました。

ある年明け1月の終わり、店の前に忌中の紙が貼ってあり、しばらく人の出入りもありませんでした。どうかおじさんでもおばさんでもなく、せめて親戚の方とかの不幸であってほしい。不謹慎かもしれませんが、そう思いつつ、時々お店の様子を気にかけていました。

1ヶ月経とうかというある休日の午後、お店の前をたまたま通ったみほさんから、こんな電話が。

「おじさんがお店の前にいるの！　色んなものを道行く人にあげてる！　亡くなったの、おばさんだったって！」

うちを飛び出して、お店の前で合流すると、おじさんは無料店頭バザーの真っ最中。エプロンを近所のおばさんに親切につけてあげて「似合うよ、持ってきな」なんて、思ったより飄々として見えました。ただ、ひげはボウボウでした。

何だか、いてもたってもいられず、菓子折り1つだけ慌てて近場で買って、あらためてみほさんと一緒におじさんを訪ねました。

先程の時点で既に、みほさんはおじさんから、未使用のボディーソープと大振りなお皿を3枚もらっていたのですが、2人揃った私達の姿を見て、「ああ、イヤリングも何個かあったな、あげるよ」と裏に引っ込もうと。そんなおじさんを慌てて引き止め、

「ああああの、お菓子1つだけ買ってきたので、おばさんに」

といったら、おじさんの目がふっと宙にとまって。

「そう、じゃあ2人からあげてよ、汚いけどさ」とお家にあげてくれました。

家、といっても実際お2人は別の所にお住いで、もともと仮眠をとったり、物置代わりに使っていたお店の隣の部屋を、今回お線香を上げたいと立ち寄る人達のために空けたそうです。それだけおばさんは、色んな人に惜しまれる人望ある人だったという事でしょう。

お仏壇の前、ぽっちゃりしたおばさんの、いつもおなじ菩薩様のような笑顔が、写真になって目の前に。お線香を上げ、合掌。52歳、心不全だったそうです。

おじさんがぽつりぽつり話してくれました。

「34年間連れ添ってね。まさかこの人が先に逝くとは思わなかったよ」

おばさんは阿佐ヶ谷の喫茶店でウェイトレスをしていた時に、9つ違いのおじさんと出会い、18歳で結婚をしたそうです。34年間ずっと2人で仕事をし、朝昼晩ずっとおじさんが食事を作り、ケンカして泣かせた事も一度しかなかった。

「死んだ時に骨を拾ってくれるのはこの人だから、泣かせちゃだめだ、大事にしなくちゃって思ったんだよね。まさかこの人の骨、オレが拾う事になるとは思わなかったよ」

そう言っておじさんはこらえきれず男泣きしました。私達も。


3人で1つのボックスティッシュから、代わりばんこにティッシュを取って、涙や鼻水をぬぐいながら、おじさんの話を聞きました。

霊安室で一晩中おばさんと一緒にいて、頬を寄せていた事。

お葬式の時もまったく祭壇を見られなかった事。

「骨も1、2個食べちゃった。ちょっとずつ食べてきゃ1、2年で全部いけるんじゃないって思ったけど、やっぱりお墓に入れなきゃだめなんだって」

20年位馴染みのお客さんで、ほとんど話もしたことのなかった男の人がお線香を上げにきてくれ、仏前で号泣していってくれた事。

近所のみんなが支えて、励ましてくれている事。でもまだまだ悲しい事。話しながら、60過ぎのおじさんが、本当に少年のように泣いていて。奥さんへの思いを、こんな私達にとつとつと語り、時々冗談らしき事を交えて笑ったりしながらも、また泣いて。

日が暮れて帰ろうとしたら、「そばを頼むから」と言われ、一緒におそばをいただき、気付けば結局2時間以上おじさんと話をしていました。

帰り際、「じゃあ今日最後の教訓。体がおかしいかなって思ったら病院に行く事っ」。握手しながらおじさんはそう言って、おばさんの形見をたくさん分けて下さり、見送ってくれました。

最後の教訓ももちろんありがたく受け止めましたが、おじさんの話に終始溢れる、最愛の人への、誠実なまっすぐな思いと、なんとも深い夫婦の愛を目の前で見せてもらった聞かせてもらった、それが何よりもの人生の教訓になった気がしました。

別の日に聞いた話ですが、納骨の時に「一緒にいてやる」と言って、お墓の下へ骨壺と入ろうとするのを皆に止められたとか。

おばさんのお墓参りに行って、炎天下の中、4時間もお墓の前に座っていて、日焼けし過ぎて顔も腕もまっ赤っかになっちゃったとか。おじさんの温か切ないおもしろ話は、まだまだ書き足りない程です。


109日後におじさんはお店を再開、それから、おばさんの月命日にお墓参りに行く時以外の日はほぼ休みなく、週7日、1人でお店を開け、変わらぬ味で続けられています。

朝陽からの帰り道はいつも2人して、美味しい定食でふくれたお腹をさすりながら、ちょっと背筋を伸ばして真面目な顔をして、人生を考えてみたりしています。

▲にら玉定食。店主の実直さそのままの味に、いつも力をもらっています。姉妹行きつけの店としてTVの取材をお願いしようとしたら「俺達の桃源郷を奪わないでくれ～」と常連さんに懇願されてしまいました。

川秀の思い出

かれこれ、阿佐ヶ谷に住んで16年になります。行きつけというか、馴染みだなと思うお店はそんなに多くありませんが、何軒か大事なお店があります。１軒目は姉が書いた中華の朝陽さん、２軒目は、２０１６年に閉店してしまった、私達阿佐ヶ谷姉妹の名付け親の鰻と寿司のお店、川秀さんです。

どちらのお店も姉が学生の頃からずーっと通っていたお店で、安くて美味しい、肩肘張らずにふらっと寄れるそんなお店です。そういえば、まだ私が実家に住んでいて、阿佐ヶ谷の姉のアパートに遊びに行き、いい街だなと思って阿佐ヶ谷に引っ越したのも姉の影響。姉がずーっと通っているお店の馴染みになるなんて、好みが似通っているのでしょうか？　真似がひどいのでしょうか？

まだ阿佐ヶ谷姉妹を始める前、姉と川秀さんに行った時、ご主人から「2人は似ているけど姉妹なの？」と聞かれ、似てますけどお友達なんですと言うと、そんなに似てるんだったら、阿佐ヶ谷に住んでいる姉妹みたいな2人、「阿佐ヶ谷姉妹」という名前で何かやったらいいのにと言われ、姉がやっていたブログに阿佐ヶ谷姉妹に何かご用命ありましたら、と書いたら、最初にお笑いライブへのお誘いがきたので、まあ1回だけならと軽い気持ちで出演したのが始まりでした。

なので、ご主人に名付けてもらわなかったら、阿佐ヶ谷姉妹は生まれなかったのです！　不思議なものでございますね。

川秀さんは、ランチで国産の鰻丼を10年前くらいは750円（！）でやっていて、夜は1500円になるのですが、お笑いを始めたばかりの姉妹はお金がなく、ご主人に姉が「昼の750円の鰻丼は夜は食べられないんでしょうか？」と聞くと、快く「お昼のサイズのでもよければ、いいですよ」と言って下さったので、ずっとご主人に甘えて夜も750円で美味しい鰻丼をいただいておりました。私達がよっぽど可哀想に思えて、特別にサービスしてくれているのかと思いきや、他の方でも変わらぬサービスをされていたそうで、とことん心の広いご主人だわと感心しました。

ご主人は短髪にメガネで話し方も笑顔も柔らかい、ちあきなおみの歌が好きな方（日曜の夜にお店でお友達とカラオケ大会をしていたほど）で、おかみさんはお目々がパッチリ、小柄で可憐な優しい方。

鰻丼を待つ間、お2人の様子を見ていると、イチャイチャしたりはしてないのですが、普通にしていても仲睦まじい感じがすごく伝わってくるのです。日活映画に出ている、橋幸夫と吉永小百合のようなお似合いカップルなのです！　いつも鰻丼に夢中になって忘れてしまうけど馴れ初めを聞けばよかった。

こんな素敵なお2人の所に、ランチもたまに行っておりましたが、多くは夜、仕事帰りにふらふらと寄っておりました。

夜よく頼むメニューは、ほうれん草のおひたし、いくらおろし、たまに魚貝がいっぱい入った茶碗蒸しをつまみに（お金がないと言っている癖に結構頼んでいるなあと思うかもしれませんが、ちょっと給料が出た時ですよ。それにおつまみ一品400円位なのです。安い！）。最近はあまり飲めなくなってしまったのですが、3、4年前は夏はビールの小瓶、冬は熱燗を飲みながら、鰻丼もしくはお寿司を待つという、最高のスタイルでありました。鰻丼を頬張りつつ、一緒についてくるおかみさんお手製の白菜やキュウリの漬物に七味とうがらしをちょいとかけて、また一杯、と思い出すとああ〜お腹がグーと鳴りそうです。

姉は鉄火丼も好きでよく頼んでいました。川秀さんは月曜が定休日なのですが、日曜に鉄火丼を頼むと、在庫をなくすためなのか、はたまたサービスしてくれていたのか、ほんの気持ち色の変わったマグロや中トロもたんまりのっていて、もはや中トロ丼になっている鉄火丼を姉は美味しそうにベロベロ食べていました。

お店のテレビで歌番組や野球を見たり、お話ししたりしながら楽しく過ごし、閉店時間が近くなってくると、階段をトンットンッと降りてくる音が……待ってました！　茶トラ猫のゆうた君です。ゆうた君はご夫婦が可愛がっている家猫で営業中は寝ていて21時半過ぎに1階に時折来てくれるのです。起きたばかりでボーッとしていて、動作ものんびり丸つこくてとても可愛いのです。酔っ払いの私にも抱っこさせてくれる優しい猫ちゃんでした。

お料理も美味しくいただき、ゆうた君も抱っこでき、大満足で帰る最高の一夜なのでした。

ありがたい事にお店のカウンター横に阿佐ヶ谷姉妹のサイン色紙を貼って下さり、お店に伺うと「姉妹がテレビで川秀を紹介していたのを見たよってお客さんがこの間来たよ」と笑顔で話してくれたりとほっこりいい思い出ばかりです。

ある時、阿佐ヶ谷姉妹って名付けてくれた事は覚えてますか？　とご主人に質問した所、「そんな事言ったかな〜？」と言われてしまいました。そういえば私も正直よく覚えていないのですが、姉が色んな所で川秀さんが名付け親だと熱弁するので、そうなんだろうなあと思っていたのですが、ご主人も覚えていないとは！　でも色んな所で喋ってしまったので、そういう事にしておきましょう。

ご主人が体調を崩されて、お店は閉店してしまったのですが、姉妹のライブを見に来ていただいたりと交流は続いております。

いつかご夫婦とカラオケに行きたいものです。

▲34歳頃の姉妹の写真です。
2人とも若い！　猫のゆうた
君を抱いてご機嫌な私と、う
な重に山椒をかける姉。見て
いたらお腹すいちゃう～♡

＊書き下ろし恋愛小説

3月のハシビロコウ

木村美穂

「あ〜暇だわ〜」

窓から物干し竿越しに、電線に仲良く並んでとまっているスズメたちを見ていたら、思わず心の声が漏れてしまった。

阿佐ヶ谷姉妹として活動を始めてから早11年。最近はそれぞれの仕事も増えてきて、特に姉は深夜ドラマで弟の嫁をいじめる小姑をノリノリで演じたのがきっかけで、役者仕事がちょこちょこ入るようになってきている。最近も浅草で人気の大衆演劇「7人の鬼婆〜生き血をすすってエジプトで大暴れ！」の7人の鬼婆の1人に大抜擢され、2月中は稽古、3月は公演という長い仕事に入る事になった。

今までは姉に仕事が入ると、いい具合にみほピン仕事が舞い込んできたりしていたのだけれど、今回はまったく仕事が入らない。3月も初旬、うっすら春の陽気になってきたというのに、昼間から薄暗い部屋でダラダラする私。

「こんな暇な時こそ、一発ギャグでも考えておいたらいいのかしらね〜」

そんな事を思いながらも、ついついYouTubeで巨大なカエルの動画やら、紙パックジュースをかためてまるごとゼリーを作る動画を延々と見てしまう自堕落さなのだった。

ふいに冷蔵庫の中を覗いてみたけど何もない。引きこもってばかりいて家の食料が底をついたので、仕方なくスーパーへ行こうと決心する。西友に行こうかしら？　それともヨーカドー？　いやいや今月はお給料が少なそうだから、エブリデイロープライス西友にしよう。豆乳が安いし、ウズラの卵の串フライや黒豆せんべいも食べたい。外に出るのは3日ぶり？　いや4日ぶり？　玄関を恐る恐る開けると外は良いお天気で、ご近所のお店の皆様が働いている姿を見て、こんなダメ人間ですみません申し訳ない気持ちになってしまう。


さっきまで見ていたゼリーの動画を思い返しながら、駅までの緩やかな坂道を下って行く。こんにゃく屋さんの前ではおばさま方の井戸端会議に花が咲き、お向かいの墓地の塀にとまったカラスがジッと話に聞き入っている風だった。

しばらく行くと日本茶のお店のご主人がほうじ茶を煎っていた。ご主人に軽く会釈しながら、肺活量めいっぱいにこっそりほうじ茶の香りを吸い込む。最高にいい香り。

それにしても私はなぜゼリーが好きなのだろう？　思い返すと、子供の頃からゼリーやら寒天やらが好きだった。たとえばハウス食品のゼリエース。イチゴ味もメロン味も色がきれいで固めの食感が好きだったし、母がお正月に作る、卵寒天やコーヒー寒天も楽しみにしていた。食べるだけでは飽き足らず、理科の教科書に載っていた微生物を培養するために使われる「寒天培地」も音の感じが良くて、心の中で何度もかんてんばいち、かんてんばいちと繰り返していたし、実家にあったトイレの芳香剤「さわやかサワデー」も縦型のプラスチック容器にゼリー状の芳香剤が入っていて、トイレに行くたび蓋を開けて中のゼリーをじっと見ていた。ブルブルする様子を見るとワクワクするのだ。何かのきっかけで好きになった訳ではないので、私のＤＮＡがゼリーや寒天が好きな気がする。きっと前世は寒天作りが盛んな長野県諏訪市の家の子供だったに違いない。

そんな事をつらつら考えていたけれど西友に着いてはっと我に返った。寒天やらゼリーはどうでもいいのよ、みほ！　1ヶ月も暇なんだから、スーパーで品出しのアルバイトでもしようかしら？　漫才のネタが見つかるかも……などと思いながら気になる食材を購入していく。

来た道を戻りながら、こんな距離で息が上がるなんて救心飲んだ方がいいかしらと思っていると、十数メートル先からママチャリに乗った男がこっちに向かってやってくるのが見えた。

「ん？」

遠くからでもわかるいかつい顔に坊主頭。映画『アウトレイジ』の塩見三省に似ていて眼光がものすごく鋭い。濃いグレーのスウェットの上下を着て、これ以上ない位ガニ股でママチャリをゆっくり漕いでいる。しかもズボンの右ポケットが異様に膨らんでいる。チャ、チャカが入っているのではっ!? 私は身構えたが、アウトレイジはまっすぐ前を向いたままツーッと通り過ぎて行ったのだった。

なんだあいつ〜〜〜ヤバいヤバいあれは絶対ムショ帰りねっ！ 阿佐ヶ谷ののどかな雰囲気から完全に浮いていて、私は一瞬で敵意を抱いたのだった。

夜11時過ぎ、姉が公演から帰ってきた。今はいつものおかっぱ頭ではなく、鬼婆に近づくため、シャギーが入った髪型になっている。「オレたちひょうきん族」でさんまさんがやっていた、しっとるケのような髪型だ。なかなか鬼婆らしい。公演が始まってまだ3日目なのにもう声がかれている。なんだか可哀想に思えて姉の好きなほうじ茶をいれてあげた。

「はいお疲れ、ほうじ茶どうぞ」

「ありがどう。あぁーほうじ茶がしみるば〜。あっあどごれ」

阿佐ヶ谷で不動産屋を営んでいる親子が見に来てくれて差し入れをくれたらしい。なんでも阿佐ヶ谷に新しくできたゼリー屋さんのゼリーだという。箱を開けてみると、いろんな形の色とりどりのゼリーやババロアが入っていた。

「おお美しい！　すごいすごい〜」

四角い何層にも分かれたゼリーの中に、繊細にカットされたフルーツが浮遊しているのがあったり、ドーム型のババロアを、花びらが入っているゼリーで閉じ込めてあるのだったり、手間暇がかかっていそうなものばかりだった。こんなゼリーは見たことがない。早速四角いフルーツゼリーを食べてみる。ちょっと固めで私好み。フルーツの甘さをうまく生かしていて、色んな層を一緒に食べても調和しているのだった。素晴らしい。さぞかしゼリーを愛している達人が作っているのだろう。

「美味しいねこれ！」

「でじょ。大味じゃないしね」

姉を見るといつの間にか、西友で買った半額シールが貼ってある、色んなお刺身の切り落としが入ったパックを出して、美味しそうにベロベロ食べていた。ゼリーの箱を見るとJerryBanBanとだけハンコが押してある。住所も電話番号も書かれていない。

「ゼリーバンバン？　お店ゼリーバンバンって言うの？　ちょっとダサいけど。お姉さん、お店の場所わかる？」

聞くと、神社のそばにある森の近くにあるらしいと教えてくれた。


次の日のお昼近く。駅前の神社へ行く。大鳥居の端で失礼しますと一礼をして入り、手水舎《ちょうずや》で身を浄める。毎年姉と一緒に厄払いと芸道上達をお願いしている大事な神社だ。今日も日差しが暖かく、時折そよ風が吹いて心地好い。ベンチで3歳位の女の子とお母さんが、たべっ子どうぶつを食べながら休憩していた。神社の木々はどれも大きく、一際大きい夫婦欅がサワサワと優しく揺れている。

前のおじいちゃんが終わるのを待って拝殿の前に立つ。お賽銭の100円玉を投げ入れ二拝二拍手。いつも阿佐ヶ谷姉妹を見守って下さりありがとうございます。姉が今浅草で公演をしているのですが、どうか1ヶ月体力がもちますように。私も健康に過ごせますように。世界が平和でありますように。よろしくお願い致します。一拝。

気持ちもすっきりしたので、例のゼリー屋を探しに森へ行ってみる。背の高い木々に覆われた森の周りをぐるぐる歩いてみたが、一向に見つからない。

姉め〜拝んでやったのに、言ってた場所にないじゃないの！　姉を恨みだしたその時、森の茂みの奥から若そうな女子がこちらに歩いてきた。白い箱を持っている！

「すみません、この辺りにゼリー屋さんはありますか？」

「あぁ、わかりづらいんですけど、この奥の板塀の間を通って行くとありますよ」

「ありがとうございますっ」

教えてもらった方へ向かってみる。道は石がゴロゴロしていて歩きづらかった。一般の人が通ってはいけないような細ーい板塀の通り道が確かにあった。下を見ると雑草が伸び放題で育ちすぎたタンポポの花がぶらぶら揺れている。本当にこの先？　疑いながらもその間を行ってみると、急に視界が開けて古いけれど素敵な古民家があったのだった。

あった！　看板がないけれど、ガラス戸の中を覗くと確かにゼリーが売られていた。

戸をガラガラと開けてみる。

「いらっしゃいませー！」

高めの可愛い声にビクッとする。

見ると白いコック服に、毛量が多いきのこ頭の男子が1人立っていた。やけに目がキラキラしている。この男子がゼリーを作っているのだろうか？

「こちらはゼリーバンバンさんですか？」

「そうです！　ゼリーバンバンです！」

彼が威勢の良い声で答える。

玄関先を改造したのか、お店は4畳程のスペースにガラスのショーケースだけがあるシンプルな作りで、きのこ男子の背後にガラス戸がある。奥が厨房なのだろうか。ショーケースの中には十数種類のキラキラしたゼリーやババロア、ムースが夢のように並んでいた。

美しい……。じっくり1つずつ眺めていくと、急に変な黄緑のゼリーがあった。

「ええっ？」

　思わず声が出てしまった。なんだか恥ずかしい。透明な容器に入っていて、底に真緑の藻みたいなのがあり、黄緑の中にタピオカなのだろうか、黒くて丸い物体がたくさん浮かんでいて、上にはカエルの足跡の形にクリームが飾られている。商品名「アマガエル」と書いてある。洒落が利いている……！　ドクドクと興奮で心拍数が上がっていくのを感じる。私がアマガエルを見ているのを察したのか、

「アマガエルは緑茶のゼリーなんですよっ」

　と教えてくれた。

　迷いに迷ってアマガエルを含め8種類のゼリーに決め、包んでもらっている時に横の壁を見ると、アルバイト急募の貼り紙があった。時給900円・ゼリーが好きな方募集、と書いてある。

「アルバイトはまだ募集してるんですか？」

　と口に出してしまった。きのこ男子が一瞬固まって、

「あっアルバイト希望ですか!?　ありがとうございます！　今店長がいないので、えっとじゃあ明日……11時に来てもらってもいいですかっ？」

「はい大丈夫です！　ありがとうございます。よろしくお願いします」

と言って、思わず名前と携帯番号を書いて置いてきたのだった。

夜、一日2回公演を終えて姉がぐったりして帰ってきた。だんだん痩せてきて本物の鬼婆に近くなってきている。

「お疲れ、お疲れ。はい今日は玄米茶」

「ありがとう。ああ〜もうじんどい」

姉は寿司の詰め合わせを出してまたベロベロ食べ始めた。

「ねぇお姉さん、今日ゼリーバンバンに行って来たの。これ見てっ」

興奮してアマガエルゼリーを見せても、寿司に夢中で驚かない。

「うんカエルだね」

「ゼリー屋で短期バイトするかも。明日面接に行って来るから」

サーモンの寿司を頬張りながら、

「カエルだし、いいんじゃない？」

と力のない声で言うのだった。

次の日、7時に起きて白髪を染めてから、お店に10時45分に着くように家を出た。今日は薄曇りで少し肌寒い。

店長はどんな人だろう？　あんなに繊細なゼリーを作っているんだから、厳しい人かもしれない。こんなにボーッとしているのに採用してもらえるだろうか？　でもアマガエルのゼリーを作るんだから、きっとユーモアのある人だわ。男性にしろ女性にしろ、きっとゼリーみたいにお肌がプルッとして、『ゴーストバスターズ』のマシュマロマンみたいな美味しそうな人じゃないかしら？　と勝手な想像を広げていた。

「おはようございます！」

いつもより大きめの声でガラス戸を開けた。

「あっ！　おはようございますっ」

笑顔のきのこ男子の横に白いコック服を着た、どう見てもあの時のアウトレイジがいる。頭の中のマシュマロマンが砕け散った。

「こ、こんにちは、木村美穂です」

「ゼリーバンバンの店長、番光太郎です」

ドスの利いた声。殺し屋の目付きでこっちを見ている。やばい。命《タマ》を取られる……！　本当にこの人があの美しいゼリーを作っているのだろうか？　私より年上に見えるけども。50歳位？　もっと上だろうか？　ばん？　こうたろう？　ばんだから？　ゼリーバンバン⁇　頭の中がグルングルンしてきた。

「副店長の番勇樹です。よろしくお願いしますっ！」

こっちもばん！　全然似てないが親子なのだろうか？

番勇樹によると、アルバイトがすぐ辞めて困っていたとの事で、3月末までの短期バイトでもいいと言ってくれた。

「木村さんは、普段は何してるんですかっ？」

「阿佐ヶ谷姉妹という芸人をしてるんです。相方の〝お姉さん〟が3月末までお芝居に出ていて、時間が出来たものですから、それで」

と言うと、店長の険しい目が少しだけ丸くなった。

幸か不幸か採用されて、行ったその日から働く事になった。奥の和室に連れていかれ、

「はいっじゃあこれを着て下さいねっ」

勇樹から長袖の白いコック服と白ズボン、白エプロンに白い帽子を渡された。袖を通す

とパリッとしていて気持ちいい。ズボンも大きかったのでなんとか入った。こんな制服を着たのは20代の頃、富士そばでアルバイトをした時以来でなんだか嬉しい。眼鏡拭きとメモ帳とボールペンをポケットに入れた。それから勇樹について一通りの事を教わった。私の主な仕事は店内の掃除と接客で1人店頭に立つ事になった。

「じゃあよろしくお願いしますねっ。厨房にいるんで、わからない事があったら聞いて下さい！」

「はい、よろしくお願いします」

ゼリーを手早く箱に詰めるのが難しそうだけど、頑張ろう。


「ありがとうございました〜」

慣れる暇もないまま、立て続けにお客さんが4人来て、勇樹も手伝ってくれたのだが、レジ打ちやゼリーを箱詰めするのに汗だくになってしまった。

「大丈夫ですか木村さんっ。はいこれっ」

勇樹がペットボトルのお茶をくれた。

「ありがとうございます……だんだんコツがわかってきました」

「たまに座って大丈夫ですからねっ」

ショーケースの後ろにある丸椅子に座って一息つく。お茶が冷たくてものすごく美味しい。

ゼリーバンバンはお店の奥が厨房になっていて、背後のガラス戸を覗くと本当にアウトレイジがゼリーを作っているのだった。あのアウトレイジがフルーツを切ったり、ボウルと泡立て器を持つ姿はものすごく違和感があった。勇樹はアシスタントといったところだろうか。しかし2人とも手さばきが美しい。顔は全然似てないけど、手は似ている気がした。

店長はどの角度から見ても人相が悪かった。イチゴを睨みつけている。でも何か気になる顔をしているのよね……目とか眉間のシワとか……何だろう？　動物？

あっハシビロコウだ！　そうだそうだ鳥のハシビロコウに似てるんだ！　ふふふふふ。合点がいって1人テンションが上がる。じっと見ているとハシビロコウのように店長がピッとこっちを向いたので、あわてて前に向き直った。

こうしてアルバイトの日々が始まった。9時半に出勤して、コック服に着替え店内の掃除をする。ショーケースを消毒して中も外も念入りに拭く。ゼリーを慎重にショーケースに並べる。店長からどんなゼリーなのか聞いてメモを取る。並べ終えたら、なんとなく11時頃から店が始まるのだった。1個ずつ全部下さいというお客さんが結構いるので、箱詰めに最初は手間取ったがだんだんと慣れてきた。明日出すゼリーを昼間に作っているので2人は忙しそうだったし、お客さんも結構来るので、あっという間に時間が過ぎていく。

　昼休みは交替制で、私は外食に行ったり、駅前でお惣菜を買ってきて和室で食べたりしていたのだが、勇樹がたまにけんちん汁などを作って振舞ってくれるので、私もお返しに豚汁を作ったりして、だんだん2人と打ち解けていった。


　ある日、新作のゼリーを食べてほしいと言われたので、わくわくして厨房に入ると、作業台の上に2つのゼリーが並んでいた。

「うわぁ～きれいですね～！」

「こっちはレモンのババロア！　どうぞ」

　レモンのババロアはピラミッド型をしていて、下がきれいなレモンイエローのババロア層で上が透明なゼリーの層、中にレモンの果肉やピール、銀箔が舞い踊っている。店長が見ているので恐る恐るスプーンを入れて口に運ぶ。ゼリーが少ししょっぱ酸っぱくて、ババロアはまろやかな甘さでいい塩梅。

「おお〜さわやか。最高に美味しいです！」

「じゃあこっちも！」

「……ん？」

もう1つは謎のゼリーだった。アマガエルみたいな面白ゼリー部門なのかもしれない。楕円形をしていて、ベースは白いゼリーなのだが、茶色の部分と黒い部分が不規則に配置されている。食べてみると白がミルクで茶色が紅茶、黒は少し漢方薬みたいな味がした。すごくいい香りでミルクの所と一緒に食べるとこれまた美味しい。変な形だなと思ったがそれは言わず、

「すごくいい香りで美味しいです！　黒いのは何を使ってるんですか？」

「それは、仙草っていうのを使ってるんですよっ」

「へぇ〜このゼリーは名前あるんですか？」

「……ミケだ」

店長がぼそっと呟いた。

「えっ？」

「三毛猫のミケだ」

「…ああ！　ふふふふふ……確かにミケですね」

「形が変ですよねっ。僕は猫の顔型の方がいいと思うんだけどな～」

「猫は丸っこいだろう」

「まあそうなんだけど……。可愛くないよ、味はいいけどっ」

2人のゼリー談義が始まる。ふと前から疑問に思っていた事を聞いてみた。

「あれですか、店長はやっぱりビリー・バンバンがお好きなんですか？」

「ビリー？　バンバン？」

「♪また君に～ですよ。それでゼリーバンバンなんじゃないんですか？」

「？」

ビリバンを心底知らなそうな様子にピンときて、

「店長っておいくつですか？」

「……34歳」

「えぇ～!?」

マスオさんみたいな声が出てしまった。50歳だと思ったのに。自分より絶対に年上だと思っていたのに。34歳だとは！

「えっ勇樹さんは？」

「僕は28歳ですっ」

こっちは見た目より意外と年がいっていた。34と28？　なんと2人は親子じゃなくて兄弟なのだという。私なりにずっと店長に気を遣っていたので、なんだかすごく損した気分になり、その日はぐったりと疲れてしまった。

定休日の午後、初めて姉の芝居を観に行く。今日も良いお天気でポカポカと暖かく、平日でも雷門の大きい提灯の下は、薄着の外人さんやら観光客やらでごった返していた。仕事以外で浅草に来るのは久々だったので仲見世をぶらぶらして浅草情緒に浸りたかったのだが、人混みがすごすぎて諦めた。差し入れ用にドラッグストアで栄養ドリンク3箱を購入して劇場に向かう。

芝居はタイトル通り、7人の鬼婆がエジプトで大暴れするのだが、お客さん参加の鬼婆クイズコーナーがあったり、7人で大縄跳びをしたり、日替わりで鬼婆の1人が宙乗りをしてスフィンクスに激突したりとかなりメチャクチャ。なのに、なぜか最後は感動で泣けてしまい、鬼婆たちに惜しみない拍手を送ったのだった。


次の日の休憩時間。

「店長、相方のお姉さんにですね、芝居の打ち上げ用に大きいゼリーをお願い出来ないかって聞かれたんですけど、どうでしょうか？」

「えっ⁉」

少し嬉しそうな顔をしている。

「どんなお芝居？」

「こういう芝居なんですけども」

7人の鬼婆が鎌を持って暴れ回っているチラシを見せると、店長は微動だにせず、しばらくの間見入っていたが、

「……む、難しそうだけど、やってみます」

と請け負ってくれた。

千秋楽前日の夜11時頃、家でテレビを見てゴロゴロしていたら、お店から電話がかかってきた。なんだろう？

「もしもし木村です」

「冷蔵庫が故障してお姉さんのゼリーが作れない！」

「ええ!?　故障？」

「勇樹も出かけていない……」

「困りましたね……とりあえずお店に行きますから！」

面倒な事が嫌いな私だが、姉の打ち上げ用のゼリーの事だし家を飛び出す。こんな時にかぎって勇樹め……！　走るのは苦手なので私なりの早足でお店に向かう。

「店長大丈夫ですか!?」

「……冷蔵庫屋が朝まで来ない」

厨房の作業台に店長が突っ伏していた。

「冷蔵庫だけ、どこかで借りられたらいいんですか？」

「いや作業場もないとダメだ」

どうしたらいいのだろう？

「今夜はもう諦め……」

「あっ。ジェラート屋さんがある！」

「ジェラート屋？」

「ちょっと電話してみます！」

家の近所にジェラート屋さんがあって、たまに遅くまで作業していたのを思い出したので、一か八かで連絡してみると幸いにもスタッフさんが出てくれた。事情を話すと朝の9時までなら貸してくれるという。しかもタダで！

「店長、ジェラート屋さんが厨房を貸してくれるそうです！」

「それはありがたい！」

店長はすごい勢いで立ち上がった。急いで店の台車に材料や道具を載せ、店長はコック服からグレーのスウェットに着替え、一緒にジェラート屋さんへ向かった。


「どうも突然すみません！」

「みほさん、ゼリー屋さんでバイトしてたんですね。大変でしたね、どうぞどうぞ」

「ありがとうございます。ゼリーバンバンの番です」

スウェット姿の店長を見てちょっとびっくりしていたが、スタッフさんが道具なども貸してくれ、店の鍵も渡して下さった。

店長と私はコック服に着替え、店長が持ってきたバナナを1本、ぱくっと口に放り込みガブガブとペットボトルの水で流し込むと、真夜中のゼリー作りが始まった。

バナナが効いたのか集中しているのか、どんどん作業が進んでいく。フルーツを切る店長の手が美しい。速い速い。私は店長の作業がスムーズに進むよう、材料を計ったり、ボウルを洗ったりする。

空が明るくなってきた頃、20人前位の大きさの、下の層がババロア、上が7色のフルーツたっぷりのゼリーが出来上がったのだった。

「おお〜美しい……。7人の鬼婆だから7色なんですか？」

「そうです」

「すごいすごい！　店長のゼリー作ってるところ、カッコよかったです！」

出来上がりの興奮で思いがけないストレートな言葉が出てしまう。

「みほさん……ありがとう……」

店長は死にそうな顔でボソボソ喋った。

その日は、それぞれ仮眠をとった後で店を臨時休業にして、勇樹が運転するレンタカーで浅草の劇場にゼリーを届けた。内心店長がグレーのスウェット上下で来たらどうしようと思っていたのだが、グレーのジャケットに白シャツ黒ズボンと普通の格好だったので安心した。

寝不足でぼんやりしていたが、姉が招待してくれたので3人で7人の鬼婆を観る。ラストシーンのピラミッドの上で鬼婆たちが連獅子のように髪を振り回している姿はやはり圧巻だった。勇樹は眠そうだったが、店長は拳を握り自分も鬼婆に負けない形相で見入っている。姉はもう本物の鬼婆だった。

終演後、3人で楽屋に行くと、

「みほさん〜あぁ〜みほざん〜終わっだぁぁ〜」

ほっとしたのか姉が他の鬼婆の皆さんやスタッフさんに囲まれて大号泣している。

2人を紹介すると、

「あぁゼリーバンバンの！　みほさんがいつもお世話になっで〜うぅぅ。あぁゼリーもありがとうございますぅぅ〜」

「どうもっ弟の勇樹ですっ。お姉さんとってもカッコ良かったですっ」

「あ、お姉さんどうも。ゼリーバンバンの店長の番です。ラストシーンとてもとても感動しました」

「あぁあぁぁありがどうございますうっうっうっ」

クールな私もこの時ばかりはもらい泣きしてしまい、なぜか4人で抱き合った。


そして、ゼリーを皆さんにお披露目する。店長が箱を開けると、

「うわあーすごーい!!」

大きな歓声が上がった。私が見た時より、さらにデコレーションが施されていて、7色のゼリーの周りに紅蓮《ぐれん》の焔《ほのお》のような激しく真っ赤な生クリームが飾られている。真ん中に置かれた、白いプレート状のゼリーに、チョコクリームで「7人の鬼婆千秋楽おめでとうございます!」と書かれ、さらにいつの間に作ったのか、小さい鬼婆の顔のゼリーがちょこんと載っていた。

「あぁぁ鬼婆ゼリー! 店長さん、勇樹さん、みほさん!! すばらしいっうっうぅありが

どうございますぅぅ〜」

姉はさらに号泣し、ゼリーと劇団の皆さんと記念撮影大会に突入した。


楽屋を後にして、3人でレンタカーに乗り込む。

「お2人とも、どうもお疲れ様です。浅草まで本当にありがとうございました」

「ゼリーも皆さん喜んでくれたし、よかったですねっ」

「もう皆さん大喜びで！　店長、あの焔クリームもすごいけど、あの鬼婆の顔ゼリーをいつの間に作ったんですか⁉　プロだわ〜」

「ふふふふ。ギリギリ間に合ってよかった」

助手席の店長も満足げだった。

鬼婆の感想を喋りながら、レンタカーは上野動物園の前を通っていく。動物園か……。上野動物園のツイッターは毎日見ているけど、実際行ったのは何年前だろうか？　私はお気に入りの動物を思い浮かべた。コビトカバ、プレーリードッグ、ツチブタ、ハシビロ……、

「ああっ!!　お2人はハシビロコウって知ってます?」

「ハシビロ?　コウ?　何ですかそれっ」

「鳥です。グレーの。グレーで顔が怖いんです」

「グレーで顔が怖い?　鷲みたいなのかなぁ?　兄さん知ってる?」

店長も首を横に振る。

「あの、スウェットを着てる時の店長にすっごく似てるんです」

ドキドキしながら言ってみる。

「私に?」

店長が急にこっちを向いたのでビクッとしてしまう。

「ははっ兄さんに似てるなんて、ちょっと気になるけどなー」

「ちょうど上野動物園にいるんですけど……」

「上野に?」

また店長が驚く。

「兄さん何でそんなに驚くんだよ。よしっ。ついでだから、行っちゃいますかっ!!」

「見に行ってくれます?　やった～!」

なぜかテンションが上がった我々は、レンタカーを止めて動物園へ向かった。

「うわ〜すごいすごい！　桜満開ですね〜」

「本当ですねっ。動物園なんて久々だなぁ。兄さんすごいねっ！」

不忍池の桜はまだ3月末なのに見渡す限り満開になっていた。動物園はお花見客やパンダのシャンシャン効果なのか夕方なのにずいぶんと賑わっている。私は興奮しながら、ハシビロコウの檻を指した。

「あれが動かない鳥、ハシビロコウです」

「わわわわっ似てる似てるっ。目とかっ。顔こわっ！」

「そうそう、グレーだし似てるでしょ！　ふふふふ。どうですか、店長？」

「……」

ハシビロコウは池の中にジッと立っていた。店長もジッとハシビロコウを見る。

お互いが眼力で相手を倒そうとしているかのようにピンと空気が張り詰めた。しばらくしてもハシビロコウがまったく動かない。

「動かないなー。ちょっと、あっちの方見てきますねっ」

と勇樹はキリンの方へ行ってしまった。それでも店長はずっと見ている。私も一緒にずっと見ていた。閉園の時間も迫ってきて人も少なくなってくる。

「店長、あっちにキリンとかカバもいますけど見ておきます？」

行こうとすると背後から、

「今！　今ちょっと動いた！」

「えっ！」

振り向いてハシビロコウを見ても全然動いていない。

「動いてないじゃないですか」

すると店長がケーッと鳴いて両手を羽のように広げたのだった。

「！　ハ、ハシビロコウ！　ふ、ふふふ」

つい笑ってしまう。次の瞬間ふわっと店長に抱きしめられたのだった。

閉園の音楽が流れてくる。

店長が帰りましょうかと言って微笑んだ。

店に戻ると、店長から封筒に入ったお給料を、勇樹からゼリーのお土産を受け取った。そうだ、今日はアルバイト最終日でもあったのだ。

「本当にお疲れ様でした」

「店長、勇樹さんお世話になりました。短い間でしたけど楽しかったです。また、ゼリー買いに来ますね」

3人で握手をして、アルバイト生活は無事に終わったのだった。


4月3日。まだ鬼婆が体から抜けない姉と、久々のお笑い仕事でぼんやりした妹の怒濤の地方ロケが始まった。時折、上野動物園の出来事を思い出しながら。ゼリーバンバンに挨拶に行かねばと思っていたけど、あっという間に2週間が経ってしまう。

久々の休日、姉とゼリーを差し入れてくれた不動産屋さんに挨拶に行き、次にゼリーバンバンに行く事にする。板塀の通り道の雑草はさらに伸びていた。これはひどいわ、店長に言って草を刈ろうと思いながら店の前に出ると、ガラス戸に「空き家」の貼り紙があった。

「え？　空き家？」

「みほさん本当にここだったの？　大丈夫？」

姉にボケていると疑われる。別の通り道だったのかもと思い、その辺りを姉と何往復もしても見つからず、森の周りもくまなく探したのだけど、ゼリーバンバンは跡形もないのだった。

「みほさん、本当に大丈夫？　ボケには緑黄色野菜がいいってテレビで言ってたわよ」


ああ消えてしまった。

あの兄弟はまぼろしだったのかしら？

あのゼリーはまぼろしだったのかしら？

また会えるかしら？

番光太郎……。

突風で阿佐ヶ谷の森たちがザザッとうごめき、ハシビロコウがケーッと鳴いたような気がした。

第2章

妙齢事情

オチャ ト オセンベイ シフク ノ ヒトトキ

妄想老後

今、私は43歳ですが、けっこう若いんじゃないのなんて思っておりました。でも近頃あれ？　老化かな？　と感じる事が多くなってきました。

大学生を見ても中学生くらいにしか見えませんし、三代目J Soul Brothersのメンバーも Hey! Say! JUMPのメンバーもわかりません。どのジャニーズのグループだったら全員言えるかしら？　としばし考え、ＳＭＡＰのメンバーは時間がちょっとかかりましたが言えました。姉もこの前、吉田照美さんの事をずっと吉田茂吉田茂と言っていました。炭酸を飲むのもなんだかキツイし、白湯が体に沁みまくる今日この頃です。

体の老化も感じておりまして、白髪はもちろん、以前から首にポツポツと小さいいぼみたいなのが出来始め、なんだろうと調べてみると皮膚の老化現象「老人性いぼ」と書かれていて、老人性！　とショックを受けたり、風邪をひいた時に鼻をかみまくっていたら、鼻の下の皮膚がガビガビのまま2ヶ月位再生せず、背中の一部分もボリボリかいていたらまったく再生しなくなり、皮膚も半分死んでいるような状態です。

最近は腰も痛かったりするので、先に調子が悪くなった姉がなかなかいいと通っている整骨院に一緒に通いだし、ずらっと並んだ治療台に、姉や他のおじさんおばさんと並んで、体を揉んでもらっております。最初に整骨院に行った時に先生に言われたのですが、顔、頭、手足、肩腰とにかくすべてがカチカチなんだそうです。ザブングルの加藤さんもびっくりなカッチカチやぞなのだそうです（泣）。

姉に、私の老化してる所どこだと思う？　と聞くと、同じ事を何回も言う所だと指摘されました。ちょっと開いてる引き戸を見ると、

「あの隙間は猫が通りそうだな」

と必ず言うそうです。なんじゃそりゃ！

私だけじゃなく、姉もある夜鏡を見て「あら、顔が凹んでる、凹んでて短毛の猿くらい顔毛が生えてるわ」とぞりぞり剃っておりました。これも……うん、老化ですね。とにかくもう新手の老化が日々押し寄せてきて止まらない状態です。

最近、家の掃除機が壊れて電源も入らなくなったので、どうしよう3000〜4000円でも買えるけど、人生で1回位良い掃除機を買ってみたい……はっっ人生で1回位なんて考えてしまった。みほ43歳人生の後半に入っているのだわと実感した瞬間でした。

老後どうなるのだろう？　たまに考える時があります。

私は丑年で動作ものんびりしてるので、長生きするのではと思っているのですが、姉は子年でチャカチャカ無駄な動きが多く、遅刻しそうな時は全速力で駅まで走っているし、見ていると自分の背後の意識が全然ないので（牛よりネズミの方が早死にですし）、いつか何かやらかすのではと思っております。

とはいえ、若い時に戻りたいとは思いません。20代半ば、お芝居がしたいのかどうしたいのか、よくわからず時間を持て余して、事務のアルバイトに遅刻ばかりしながら通っていました。仕事中にこっそり、その当時から好きだったシティボーイズのきたろうさんのブログを読んだり、コンビを組む前の姉に手紙を書いたりしていました。コピー用紙にダルマの絵を自分でたくさん描いて便箋がわりにし、アルバイトのグチや、好きだったボキャブラ天国の感想などを書いては、ジャイアント馬場さんの顔のアップの切り抜きと一緒に送りつけたりしていたのです。阿佐ヶ谷姉妹を結成する随分前から、私の変なノリを一番面白がってくれたのが姉だったからかもしれません。その頃のやりとりが、今の姉妹につながっているのかしら。

話はそれましたが、思い返してみるに、あんな、もやもや20代には戻りたくないと思うのです。

今は向いているのかわかりませんが、お笑いの仕事もいただいておりますし、好き勝手に生きておりますし、結婚もしなそうですし、気軽っちゃあ気軽です。

今後は、いぼは取って健康診断を受けるようにして、ストレッチをして納豆をたくさん食べて暮らしていければなと思っております。

ひそかな夢は、今住んでいるアパートを姉妹で買い取って、母や独り者の友達とみんなで住むこと。でもみんな集まっちゃうと近すぎて面倒かな？　でも近い方が助け合いが出来るかしら？　姉妹で買ったら相続する時揉めると困るかな？　私はひとりっ子だから相続する人いないから大丈夫だわ、その前にアパート買える位お金貯まらなそう。貯まらないか〜困ったわ〜などと明け方に、コタツに半分入りながら、とりとめなく考えたりしております。

▲家の引き戸。これ位開いていると猫が通りそうで、ワクワクしてしまいます。

占い師全員に「今年は最悪」と言われて

今年（二〇一八）の運勢を「金曜　ロンドンハーツ」という番組で占っていただきましたら、出演者14人の中で最下位の運勢と言われてしまいました。5人の有名占い師さんの鑑定を集計しての結果、最下位。

「思うようにいかない事が続き、やさぐれる」

「納得がいかない仕事が多くなる」

「頑張ったら頑張ったで空回りが続く」

「お金は貯まらない」

「人にも宗教にも頼ってもムダ」

「家ではダニによる皮膚炎に注意」

八方塞がりな診断をいただきまして、バラエティにもかかわらず、半ベソの途方に暮れた顔でエンディングを迎えてしまいました。

共演の皆さまはお優しく、カズレーザーさんには「でも仕事はたくさん入るって事なんじゃないですか、悪くないですよ」と。平野ノラさんにも「お姉さん、気にする事ないですよ、オイシイおいしい」、永野さんには「戦って！」と言っていただきました。

「ありがとうございます、そうですね」と口では言いながら、「そんな事を言っても、皆さん私より上なのだわ」と、早速のやさぐれ。

案の定、みほさんからも「ネタにもなるし、いいじゃないの」と、励ましてもらったのですが、そんなみほさんは、新年早々ツイッターでチラ見した生年月日占いで、今年結構運勢がいいと出ていたので、「みほさんは運がいいからそんな風に言えるのよ」と、他の方には言えない心の言葉をそのまま口に出して、八つ当たりしてしまいました。

普段、信心深くもない人間なのに、翌日にはコソコソと、ご近所の神社で厄除けをしてもらいに行きました。

神社に行くと、何と今年の私は「八方塞がり」という年回りだとの事。最下位に新種の厄年が加わり、動揺しまくりです。

動揺のせいか、神前で読み上げてもらう住所の丁目をなぜか1つ間違えて受付で申告してしまい、神主さんに祝詞《のりと》を上げてもらいながら、あ〜違う違う、神様がお隣町の住所に行ってしまう、は〜これも最下位だからかしら〜と心の中で嘆きまくりました。

結局、ひと通りの儀式が終わった後、恐る恐る相談し、もう一度お祓いしてもらいました。スッキリするために行ったはずなのに、まさかの自分の粗相に、さらにクヨクヨする始末。


それからしばらく、テレビを見ても、スマホのゲームをしても、カラオケをしても、本を読んでも、身体を動かしても、もやもやはなかなか消えず……。

いい事が起こった時には、占いの事はあまり頭にないのですが、悪い事が起こった時には「ああ、やはり今年の運勢が悪いからだわ」と思ってしまう、悪い流れでの占いの支配力。落ち着いてよく考えると、受け止め方が偏っているし、あまり得策ではない気がします。

何年か前に日光へ初詣に行って、家族みんなでおみくじをひいた時の話です。みんな仲良くおみくじを開いたら、母の顔がちょっと曇りました。

お財布にしまったり、木にくくりつけたり、めいめいに新年のおみくじを納め、さて帰ろうかとなったら、母の姿が見えず。「あれ？　はぐれちゃったのかな？」と皆でキョロキョロしていると、小走りに戻ってくる母の姿が。

合流した途端、「は〜今年も大吉出ました、よかった、いい一年になる！」とおみくじを嬉しそうに見せてくれました。一連の流れから察するに……1枚目にあまり良からぬおみくじを引き、納得いかずに新たなおみくじを買い、何とか大吉を引き当てて戻ってきたのでは？

しかしながら、嬉しそうに大吉のおみくじを眺める母を前に「今、どこに行ってたの？」「もしかして、おみくじ、買い直してきたんじゃないの？」などと真実を追及して、数少ないお正月の家族団らんの雰囲気をこわす程の勇気はなく。

あの時の母の笑顔を思い出すに、自分で占い結果を引き寄せる位の前向きさやたくましさがあった方が、楽しく人生過ごしていけるのかもしれない、と気持ちが切り替えられるようになりました。

辛辣な占いやアドバイスに凹んで下や後ろしか向けなくなってしまうよりは、前向きに晴れやかな気持ちになれる「お言葉」を自分なりに取捨選択して励みにする事が、楽しく生きる術の一つなのかもしれない。

と、今年も半分に差し掛かりつつある時期になってようやく、思ったりしております。

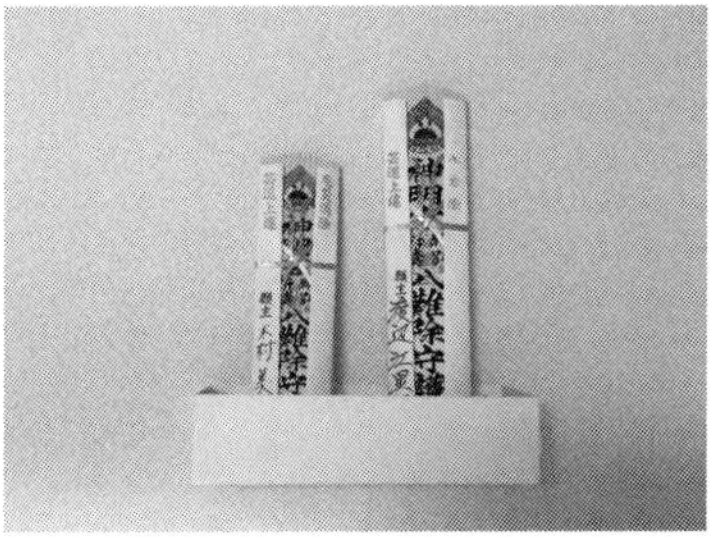

▲自宅の簡易神棚。占いを踏まえて買ったため、
私の方が大きめ（右）。

カーブスはおばさまの聖地です

ミホです

痩せたい、ともう10代の時から思ってはおりますが痩せた例しがありません。色々買ったり、ちょこちょこやったりはしているのです。思い返せばカルニチン、ゴーヤ茶、えごま油、バランスボール、レッグマジック、リンパマッサージ、ミオドレマッサージ、チベット体操、骨盤体操いろいろかじってはみるのですが、全然続きません。みほのバカ、根性なし！

40歳を過ぎましたし、健康にお笑いを続けるには体力が必要だと思い、何かしなくてはと思っておりました。阿佐ヶ谷の駅前にジムがあって、窓から黙々とルームランナーで走っている人が見えるのですが、仕事に遅刻しそうでも駅まで走るのが嫌な私には到底無理。どうしようかしらと思っていた時、気になったのが女性だけの30分健康体操教室カーブスでした。

今なら入会費無料とCMでやっていたのと、通いやすい距離そしてネタ探しにもいいのではと思い、姉を誘って体験入学に行ってみました。ドキドキしながらカーブスのドアを開けてみると、リズミカルな音楽がかかっていて、いますいますおばさまが！　ハツラツと体操されていました。


スタッフさんに色々と説明を聞き、体力測定もする事に。正直にいいますが、その時私の体脂肪は34％もありました。スタッフさんに「これ以上体脂肪が増えると血管が破裂して死にます」と言われたので、あわてて姉と入会。入会して半年以上経ちますがとりあえず続いております。

カーブスのドアを開けるとスタッフさんが笑顔で「みほさん、こんにちはー！」と声をかけてくれ（スタッフさんは下の名前で呼んでくれます）、受付へ。受付のカウンターには紙を細かく折り曲げて作ったフクロウの鉛筆立てと季節のお花が微笑んでいます。

カーブスは12種類のマシーンとステップボードという板が交互に円状に並んでいて、マシーンを30秒やったら左隣のステップボードに移動し足踏み。30秒経ったらまた次のマシーンに移動というのを2周します。おばさまが体操しながら輪になってグルグル回っているのです。♪おーおおーさぁ輪になって動こう～ラララララ～。どうです？　カーブスに入りたくなってきたでしょう？

今日は家からジャージを着て来たのでさっそく体操開始です。
輪の中に入ると目の前には、ＴＯＭ★ＣＡＴのボーカルのような大きい色付きサングラスをかけ、無表情で運動しているおばさま。右を見れば、貴重品を全部ポケットに入れ、かぼちゃのようにジャージがパンパンに膨れているおばさま。左を見れば体操そっちのけで隣のおばさまと病院の話をしまくっているおばさま。ステップボード上では独自の暗黒舞踏をするおばさま。ビリーズブートキャンプばりに激しく動き、手を上にあげてヒラヒラさせているおばさま。ステップボードではゆっくり足踏みしましょう、動きすぎると効果が出ませんと注意書きがあるのに、おばさまは言う事を全く聞かないのです。つられて手をヒラヒラしそうになりますが、いけない！　ヒラヒラは！　とあわててやめました。かなわない……キャラの濃さではかなわないと思いながらも、密かに対抗心を燃やし誰よりもカロリーを消費しようと黙々とステップボードで足踏みをする私なのでした。

体操を終え着替えていると背後から、

「怪獣お好きなんですか？」

という声が。ん？　怪獣？　振り返ると私と同年代位のショートカットが似合うおばさまが。何度かお見かけしていたK子さんでした。

みほ「え？　怪獣？」

K子さん「お姉さんのツイッターの写真に、姉妹さんとガッツ星人が一緒に写っていたので、お好きなのかなと思って」

以前、JRの企画で各駅にウルトラマンの怪獣のポスターが貼ってあり、阿佐ヶ谷駅にはガッツ星人というそっくりな2体の星人のポスターがあったので、その前で写真を撮ったのでした（気になる方は姉のツイッターをご覧下さい）。

みほ「ガッツ星人が兄弟みたいに並んでいたので、同じポーズで写真を撮ったんです」

K子さん「ガッツ星人はね兄弟じゃないんです、あれは分身しているんです」

分身？　かなりお詳しいご様子。

K子さん「他にはどんな怪獣がお好きなんですか？」
みほ「そうですねぇ……カネゴン……とかですかね」
K子さん「よかったら、今度ウルトラセブンお貸ししますよ」
みほ「ああ……じゃあまぁお願いします」

2日後カーブスに行った時、「みほさん、これ」と笑顔で貸してくれました。家であけてみると、プチプチに大事に包まれたDVDウルトラセブン全49話！　姉と4話まで見ましたが、まだガッツ星人は出てきません。

おばさまが輝ける場所カーブス。

これからも通い続けようと思います。

▲フクロウとチューリップ(?)の鉛筆立て。写真を撮ろうと思ったら携帯電話を忘れてきてしまい、スタッフの方にカーブスのエッセイを書いているので、今度鉛筆立ての写真を撮らせて下さいとお願いしたら、思いがけずストック分をいただきました。メンバーのおばさまが作ったものだそうです。癒される～。

大人の会話が出来ません

最近の悩みは何ですか？　と聞かれて「うーん、悩みがないのが悩みですかねぇ」などと答えられる人に一度でもなってみたいと思う、悩みだらけの私。エリコ四十路ど真ん中。
ここ最近では、「エッセイが書けない」という悩みがまず頭に浮かんだりするのですが、それをここに書くのは本末転倒な感じもありますね。ですので、それを除いて考えますと、「大人の会話が出来ない」という事でしょうか。

「大人の会話」などと書くと、「はっ！　下ネタ！　下ネタが始まるのかしら!?」と過剰反応される方もいらっしゃるかもしれませんが、今回そうではありません。折にふれて訪れる、懇親会ですとか、打ち上げですとか、そういった席での会話について、困っているのです。

飲めそうな顔でありながら、まったくの下戸な私。とはいえ、飲み会の雰囲気や酒の肴が大好きなので、そういった席が嫌いではありません。ただ、そういった場で周りを見ると、とても自然に会話に花を咲かせている皆さんがいらっしゃって、大人だなぁとうらやましく感じるのです。

それに比べて私はと言うと、まるで初めて行った美容室で、初対面の美容師さんと会話を始める時のような、ある種の緊張感とありふれた会話からのスタート。話しながら、お相手がつまらなくなっていないか、会話が浅くなっていないか気になって、ワキ汗ばかりかいてしまいます。私が見栄っ張りで八方美人なのもあり、この歳になっても人に対してなかなかドッシリと、自然に構えることが出来ないのです。

少し言い訳がましくなりますが、これは今の環境にも一因があるかと思います。プライベートでも、お仕事場でも、ほとんどみほさんと一緒。そうなると見るもの聞くものが大体一緒。なので、帰り道や食事中にする会話も、説明もあまり要らず、ツーといえばカー(死語でしょうか?・)。

あらためて考えると、本当に楽させてもらっているなと思います。あまり多くを考えずに、好きな事を好きなように話して許される、話がなければそれはそれでそのままいられる。最高の話し相手が当たり前に近くにいる、とてもありがたいことです。

ただ、普段のあまりに居心地のよい環境に慣れすぎて、いざ他の方との会話となると、変に意識し、緊張してしまうのです。


先日、女装家であり、新宿2丁目でお店もされながら、多彩に活躍されるブルボンヌさんの山梨でのラジオ番組に出させていただきました。その中のお悩み相談コーナーにて、姉妹それぞれの最近の悩みを出して、リスナーの方からアドバイスをいただく事に。

このチャンスを逃さぬべく、私の悩みは「大人の会話が出来ない」事ですと言いましたら、コミュニケーションの達人とお見受けしていたブルボンヌさんから「私もです〜」とまさかの言葉が。大人の会話しまくっていそうなのに！　聞いてみないとわからないものです。

ちなみにその時のみほさんのお悩みは、「うちの観葉植物の植木鉢に次々と発生するヤスデをどうすればよいか」。公共の電波で、虫駆除の相談!!　さすがみほさん。

似たような顔の2人でも、これだけ悩みに振り幅があるんですねと言われました。

２人のボケなしでの質問を、「芸人なのにボケなしっておい！」とか言わずにちゃんと受け止めて下さった、優しいリスナーの方からたくさんのアドバイスが寄せられました。

・相手に色々と質問する事で、共通する話題があればそこから会話を広げる
・食べ物、映画、失敗の話辺りから始めれば、何かしらあるはず
・年上の方たちと会話し、もまれて経験を積む
・時事問題がやはり大事、そのためにも新聞を読みましょう
・話をふるのではなく、聞くことが大事

どれも、なるほど確かに！　と思う事ばかりでした。ただ……「痩せたい！　簡単に！　今すぐ!!」というこのお年頃のわがままなダイエット探しと一緒で、理論よりさらにスグ使える、しかも簡単な方法をもっと教えてほしい!!　とそこにおばさんの厚かましい願いが出てきてしまいました。

そんな中、私のお悩みだけでなく、アドバイスがとんと来ないみほさんの、両方の悩みを一気に解決出来そうな回答が送られてきたのです。

・色々と質問する事が大事です。とはいえ、何を質問するのかが難しい所ですね。そこで、みほさんの「ヤスデ問題」の解決方法を知らないか、その質問から始めたら、一石二鳥ではないでしょうか

ナルホドその手があったか！　となりました。

今、これをお読みの皆様には「何だそんな事〜」と思われるかもしれませんが、「そんな事」の取っかかりが自分の中にようやく見つかった気がして、嬉しい瞬間でした。

さらにみほさんへ回答1件。

・ホームセンターで、ダンゴムシ用の殺虫剤を買う事をオススメします

ダンゴムシ!!　確かに、ヤスデは外部から刺激を受けると丸まる性質があると、以前番組で学習した気が。ナルホド!!

2人でいると、気は楽なのですが、なかなか新たな考えに至らず、停滞する事が多い気

がします。なので、その事も含め、楽さや慣れに流されず、刺激を受けていこう、そういう意味でもっといろんな事を見聞きしたり、悩み相談も含め人にお話を聞く機会も増やしていこうと思いました。

次に機会があったら、アドバイスに基づきながら、まずはヤスデ問題を皮切りに「大人の会話」が出来るか試してみたいと、意気込んでおります。

▲みほさんの悩みの種「ヤスデ」が発生した我が家の観葉植物。ヤスデ問題が解決するまで、しばらく玄関前での生活が続いていますが、元気そう。

ナイナイ44

姉はパッと見しっかりしていそうに見えますが、まったくもってしっかりしていません。とにかく忘れ物をします。

「あれ？　ないないないな、ケータイ置いてきちゃったかしら？　みほさん、悪いんだけど、私のケータイ鳴らしてもらえない？」と四六時中言ってきます。仕方ないので、鳴らしてあげようとケータイを出そうとすると、「あ、あったわ」とケータイが見つかったりします。こんな事の繰り返しです。あ〜腹立たしい。

ケータイ、ペン、メガネ拭きなど、細々した物を忘れるのは日常茶飯事ですが、いつも着ているピンクのドレスも3回忘れた事があります。

あのピンクドレスがないなんて、ふなっしーが着ぐるみを剝がされたも同然です。まったくお話にならないのです‼

ピンクドレスは姉妹が10年前、初めてお笑いライブに出た時、由紀さおりさん、安田祥子さん姉妹のネタ（トルコ行進曲を延々歌うというネタ）をした時からずっと着ております。

1代目のドレスは阿佐ヶ谷の商店街で、1、2週間期間限定でやっている安いダンス用ドレスがいっぱい売っているイベントショップで2500円で買いました。

このネタ用に買ったものでずっと着るつもりもなかったのですが、テレビ局の方から、そのドレスでおしとやかな姉妹が花嫁修業をしているネタみたいのを作ったらいいんじゃないかとアドバイスをいただきまして、それから流れ流れてずっと着ております。

なんでどこに行くにも、こんなにドレスを着ているのか自分でももうわかりません。

今着ているピンクドレスは3代目になりまして、阿佐ヶ谷のダイヤ街にあるドレス屋さんで5年前位に7980円で1人2枚ずつ購入しました。それを家でネットに入れて、おしゃれ着洗いをして部屋干ししながら着ております。

ドレス情報はこれぐらいにして、姉のドレスの忘れ物の事でした。

1回目はずいぶん昔で、2、3回目は去年やりました。

2回目は現場が渋谷だったのですが、幸い、渋谷にある姉妹の所属事務所にたまった衣裳があったので、（ヤーレンズさんという、男子漫才コンビが姉妹のネタをライブでカバーしたいとの事で貸しまして、それが事務所に戻ってきていた。普段は自宅に置いてあります）を姉がダッシュで取りに行き、事なきを得ました。

3回目は荒川区東尾久でやってしまいました!!

今回の仕事は3日間の料理番組の撮影で、姉が高校の同窓会で初恋の人に会うために苦手な手料理を頑張ろうとするドラマ仕立てのステキなストーリーでした。

撮影はずっとピンクのエプロンにピンクドレス、ピンクのスリッパでまさにピンクづくしで行っていたのです！　その2日目でした！

阿佐ヶ谷からかなり遠く、朝の混雑の中ああやっと着いた、今日もドレスに着替えます

かね～と思っていた時に、

姉「やった、やってしまったわ」

姉を見ると絶望の淵に突き落とされたような顔をしています。

ああ、またやった、頭が寝ているので怒りも湧いてこず、しかしみほ落ち着け、どうすれば一番いいか？　と眠い頭で考え、どう考えても衣裳がないと話にならないので、姉妹でスタッフさんに事情を話しに行きました。

スタッフさんは大丈夫ですよと優しく接してくれましたが、２人でほんとすみません、ほんとすみませんと平謝りしました。

現場にやっと着いて30秒で姉は阿佐ヶ谷に戻り、朝は機嫌が悪くぶすったれている私もさすがに途中でスタッフさんに、「本当にどうもすみません。１人で出来る事が何かありますか？　何でもやりますので」と言いに行き、切り干し大根が入ったタッパを冷蔵庫に入れる手のアップのシーンを１つ撮り、「みほさん、後は大丈夫ですよ、休んでいて下さい」と言われたので、控え室で物音を立てないように気配を消し、しずーかに五木ひろしさんの顔マネみたいな顔をしながら、じ～～っと座っておりました。

姉を待つ間、ふと控え室の窓ガラスを見ると、白くて小さいプツプツとした虫の卵みたいなものが付いていていました。

あの卵らしき物を押してみたい……でも中身が出てきたら怖い……卵だったら申し訳ないしな……と思いながら、じーーーっと見ていました。ネットで調べてみると、どうやらカメムシの卵のようでした。

2時間後、現場に戻ってきた姉はふた回り縮んだように見えました。

その日の撮影を終えて控え室に戻るとカメムシの卵が孵化して、黒い小さい子供たちがワラワラと窓ガラスの上に登っていっておりました。

ほらほら、カメムシが孵化してるよ！　すごいね！　と姉に言ったら「何がカメムシよ」と言われました。そんな姉に、今日はドンマイと優しくしてあげたら、夜、朝陽でレバニラ定食をおごってくれました。


この一件でさすがに懲りたのか、姉は家の壁に、

☆出る前必ず確認！
お財布は？

ケータイは？

衣裳は？（ドレス・チョーカー・靴・メガネ）

の貼り紙をしました。

最近、ドレスは忘れていませんが、今日もメガネ拭きがないないと言っております……。

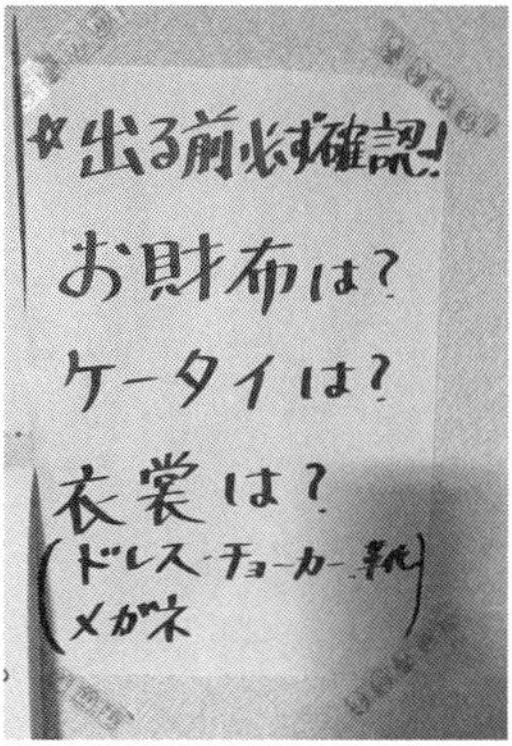

▲マスキングテープがおしゃれな
忘れ物注意の貼り紙。

エッセイとカレー

エッセイが書けない時期がありました。

この本におさめられているエッセイは、ウェブサイトで連載をして、それをまとめたものなのですが、ウェブに上がるたびに、読者の皆さんの反応や感想などいただける事で、それを励みに何とか続けてこられたものでした。しかしながら、どうしても書けない時期がありました。

お優しい担当編集さんにも、いろいろアドバイスをいただいたにもかかわらず、どうにも面白いものが書けません。みほさんも、もちろんスイスイ書けている訳ではありません。でも、自分なりのテーマを見つけて、等身大で自分のペースで書き進めています。一方どこか格好つけでそのまま書く事が出来ず、出来高ゼロでイライラだけする私。

「書けてないから、イライラしているんですよ。書いてしまえばいいんですよ」と、みほさんから当たり前の事を直球で言われ、「それが出来るのならとうにやっているんじゃ」と何弁かわからない言葉と共に心の中で舌打ち。もはやみほさんまで敵のような気がしてくる始末です。

みほさんは、エッセイを書くと折にふれ意見を求めてくるタイプ。「ここまで書いたんですけどわかりますかね」「これだと何か足りないですかね〜」。2、3回目までは親身になって意見したりもしますが、こちらが全く書けていない時にアドバイスを求められる時程、切なく腹立たしい事はありません。

この人は、こんなに一行も書けていない私に何を聞いてくるのか。そして、人のアドバイスを上手く取り入れて、なに面白いエッセイに仕上げてくれてるのか。腹立たしい。自分が書いていない所為《せい》なのですが、悪い方にばかり、気持ちが向かってしまいます。

期限までに仕上げられず、現状も報告出来ぬままに2日が経ち、何とか書かなければと駅前の喫茶店に飛び込みました。荷物を置き、その店でよく頼むイチゴジュースとナポリタンを後先考えずに注文し、店の外に出て大竹マネージャーに電話しました。大竹マネージャーは叱りも詰問もせず、「今どんな状態ですか？」と、私の書けないでいる理由を一緒に探そうと、優しく話を聞いてくれ、的確な意見やアドバイスをしてくれました。喫茶店の前をうろうろしながら、時に泣き、時に笑い、雨の中50分近く話した結果、いっその事、今回の件をとにかくめちゃくちゃでもいいから書いてみてはどうですか、と言われました。そして、今の状態では書けないだろうから、とにかく今日はうちに帰って、落ち着いて、と言ってくれました。

喫茶店に戻ったら、冷めたナポリタンと水滴のたくさんついたイチゴジュースがテーブルの上に。好物のはずなのに、まったく食欲がわかなくて、申し訳ないけれど2、3口だけ食べたように形を崩して、喫茶店を後にしました。

情けない、44年も生きてきて、文章一つもまともに書けず、路上で涙している。こんなおばさんがどこにいるだろう。そんな事を思うとまた泣けてきて、肩も顔も濡れねずみ。久々の大雨の中、いい歳したおばさんの泣きっ面を見られないよう、人気のない道、暗い道を選んで、何とか家まで辿り着きました。

自宅のドアを開けると、すぐにカレーのいい匂いがしました。玄関先でゆるゆると靴を脱いでいると、みほさんに「なに、びしょ濡れじゃない」と言われました。「ごめんなさい、すごい雨でね、台所でちょっと拭くので」。鼻声ながら、何とか平静を装って答えたら、「カレーは作りましたよ」といつものみほさんの口調。「あと、もし冷めてたら、そこのご飯、食べない分、冷凍庫に入れといて下さい」

見ると確かに、冷凍するためにラップに包んだご飯が、4つほど台の上にありました。まだ食欲もなかったので、4つすべてを冷凍庫に入れようと扉を開けた時。目に入ってきたのは、バーモントカレーのルー。私の好きなバーモントカレーのルー。辛口派のみほさんが、普段は絶対買わないはずのバーモントカレーのルー。

みほさんが「今日のはこくまろと、バーモントの中辛です。甘口じゃないのよ、中辛だからね」と言ってくれているのを聞いて、嗚咽が止まりませんでした。

きっと、私が凹みまくっているのを察して、私が子供の頃から好きな甘いカレーの銘柄にしてくれたのでしょう。冷凍庫に残っていた、蒸しホタテとオキアミを使ったカレー。

お肉は一つも入っていないけれど、コクと旨みと甘みの強いカレーの味。食欲がなかったはずなのに、ゆっくりゆっくりいただいて、ひと皿分を完食しました。

その後も、泣き、鼻をかみ、泣き。みほさんは、そんな私を見て「大人になって、こんな事でこんなに号泣してる人初めて見たわ」とちょっと笑っていました。そんなみほさんに、ありがたいやら、恥ずかしいやらで、何の言葉も返せないまま、寝るともなしにその日は朝を迎えました。

結局、その後も編集の方にご相談したりしながら、何とかかんとかエッセイを書き始めた次第です。恵まれた環境だと思います。ありがたい限りです。

嫌な事、苦手な事から逃げがちな私ですが、冷凍庫の奥に残るバーモントカレーのルーを時折見つけては、「はっ、甘い甘い、もっとがんばらないと！」と思ったりしています。

▲この日のカレーの写真は流石に撮っていなかったので、以前にみほさんが作ってくれたカレーの写真を。
大根とナスと鶏肉のカレー、かぼちゃサラダはみほさん作、かぼちゃの冷製スープはエリコ作。

食後にみほさん、変な声で鳴くカエルの動画を見ていました。食後になぜ？

あ〜差したい

今回はファッションについて書いてみたいと思います。夏の私のお決まりのファッションは、事務所でもらった、シティボーイズさんのライブ「そこで黄金のキッス」のグッズで作って大量にあまった、自殺に関係する絵が描いてあるTシャツ（東尋坊、練炭、中央線がかわいいキャラクターで描かれている。すごく着やすい!!）にズボンに西友で買った白い靴下にスニーカーです。

冬はTシャツの下にヒートテックの長袖シャツを着れば完成です。実用的で動きやすい格好で気に入っていたのですが、ある日、服装のダサい先輩から、

「みほさん、その靴下ダサいですね」

とサラリと言われました。

ハッとしました！　こんなダサい人から言われるなんて！　自分はひそかにセンスはいいと思っていたのに思い上がっていた……私はクソダサかったのです。人に見られる仕事だし、もう少しおしゃれにならねばと、ファッション雑誌をパラパラしているとやってみたいおしゃれを見つけました。それは差し色です！

差し色＝さりげなくおしゃれをわかっている人という感じがしませんか？　地味な服を着ていても差し色一つでガラッと変わる！

バッグや靴で差し色をするとお金がかかりますし、まずは気軽に取り入れられる靴下で差したいと思いました。

差す靴下は西友で買ってはいけません。同じ過ちはおかすまいと、靴下専門店でまずは真っ赤とエンジ色を1足ずつ購入。買ったものの、なかなか勇気が出ず、しばらく差せなかったのですが、青山にお出かけする時に思い切ってエンジで差してみたらおしゃれ上手な女性から褒められた事もあり、週1ペースで差すようになりました。

そんな中、3年前突如私の前に差し色のライバルが現れたのです。大竹涼太マネージャーです。初めて会った日に赤い靴下で差していたので、笑顔で挨拶したものの、「差している……!!」と靴下ばかり凝視したのを覚えています。

たまたま差している日だったのかと思いきや、涼太マネは、春夏秋冬、365日真っ赤な靴下でエブリデイ差し色をする人だったのです。変わり者！　いえいえなんて強い意志。とにかく恐るべし涼太マネ！

真っ赤で対抗するほど気も強くないので、真っ赤は涼太マネに譲るとして、この冬いろんな差し色靴下を買ってみました。エンジ、ピンク、からし色。先日からし色を履いた時、姉にどうだと聞いたら、

「差し色っていうより、黄土色だわね」

と言われてしまいました。

確かに……黄土色だわ……何も言い返せませんでした。さりげないおしゃれって難しいですね。これからも折にふれて差していきたいと思います。

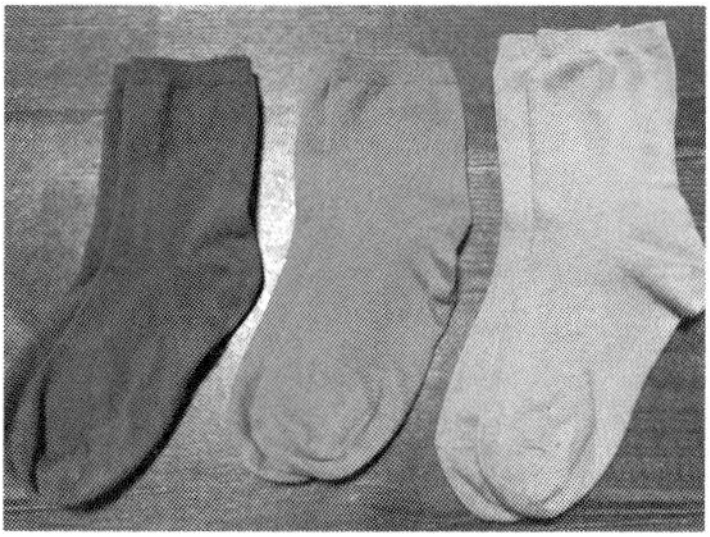

▲差し靴下いろいろ。

人の振り見て我が振り直せ

この歳になってくると、服装についても、我が出てくるというか、凝り固まってくる所があると思います。

出来ることならおしゃれになりたかったものの、四十数年生きてきておしゃれと呼ばれるには程遠い人になってしまいました。季節もＴＰＯも問わず、ネグリジェといい勝負が出来そうな薄手のピンクのドレスを常々着ている大人になるなど！　これも結局、おしゃれでないからこそなのかもしれません。

衣裳こそピンクですが、私服は寒色系が多め。こう書くと他の色もまあまあるけど〜みたいな含ませ方ですが、実際は、白、緑、青、グレーしかなかったりします。

その限られた色をどう組み合わせて良いかわからず、とはいえあまりにも平々凡々の組み合わせも……などと悩んだ末に、上下とも緑の服を着ていって、出先で「わあ、ミドリマンだ、ミドリマンが来た！」と訳のわからないいじられ方を先輩にされてしまったり。

とにかく、おしゃれというものをいまだわかっていないのです。

阿佐ヶ谷には、隣町高円寺と比べて、おしゃれ女子が通うようなお洋服屋さんというのは極めて少なく、どちらかというと、私達よりも1、2段階ご年配の方向けの「洋品店」や「ブティック」が多い気がします。

そのお店を見るに、これは何色と言ったらよいのかわからない色ばかりが並んでいて。ヨモギ色と灰色を混ぜたような色や、黄土色にクリーム色を混ぜたような色……とにかく、自然界に帰る前の色、と言ったらよいのでしょうか。人間もいつかは土に戻るのだから、徐々に身に着けるものもそのようにしていった方がいいのですよ〜と何かの啓示があったかのごとく、はっきりしない色ばかりが取り揃えられているのです。

そのようなファッションを空気のように自然に身にまとって歩く阿佐ヶ谷の先輩方を横

目に阿佐ヶ谷の町を歩くにつれ、私もこのような自然界に帰る色で揃えた方が、いやでもまだお迎えには早いし、いやいやでも、とますますおしゃれとは何か、わからなくなってしまうのです。

私の比較対象として、一番身近にいるのがみほさんなのですが、みほさんは姉妹の中では「おしゃれ」担当だと自負している所があり、私もずっとそう思っておりました。私が着ている服を見て「うーんちょっと違う気が」とか、「その組み合わせはちょっとダサいんじゃないでしょうか」とか、ご意見番のようにアドバイスをくれる時があります。でも、そう言うみほさんを見るとほぼ、事務所でもらってきたTシャツにジーンズ、小学生が履くような靴下にスニーカー、という出で立ち。あれ、ちょっとおかしい、どの口がそれを言うのかしらと思ったりするのです。

ファッジですとか、オッジですとか、おしゃれ雑誌を時折買ってきては熟読している姿を目にするのですが、そこで磨いたファッションセンスをあまり使っている節がないのです。出かける時に、ふと着替えているのを見ると、大抵事務所のTシャツに、ジーンズ、西友で買った、小学生が体育の時に履くような白の靴下を履いているのです。

冬場は中にヒートテックの長袖シャツを着て、その上に事務所のTシャツを重ね、ジーンズか厚手のパンツ、そして西友の靴下に、ダウンジャケット。ヘアスプレーより、スタイルキープバッチリなのです。

あまりに服装を変えないみほさんに、どういう事なのか聞いてみると、「ライブやお仕事などに行く時は、実用的な格好にしているんです。動きやすい、脱ぎ着しやすい、十分でしょう」。なるほど、と納得させられてみたり。

ではプライベートの時はおしゃれをしているかというと、家にいる時は主に、先輩芸人ユリオカ超特Qさんのライブで購入した、正面に「らっしゃい」と書かれたアップルグリーン色のTシャツに、無印か何かで買ったストレートタイプのジャージでいるのです。

あれ、だから、おしゃれ担当はどこに行ったの、という感じです。そんなみほさんに、「このセーターには、どのパンツを合わせた方がいい？」などと聞いてみたりする事があります。

本当にたまにですが、お仕事先などで「今日お姉さん、おしゃれですね」と誰かに言っていただいたりする事が。するとみほさん、隣で納得いかなそうな顔してる時があります。「こんなダサい人がおしゃれって言われてるなんて」って思っているに違いない顔です。でも、その時のみほさんの格好は、事務所のTシャツにジーンズに小学生の靴下なのです。

そんなみほさんが、時々通信販売のサイトを見て、随分悩んでいそうな時があります。場合によっては2週間ぐらい悩んで、「探し疲れてしまいました。おしゃれは果てしないんですよ」と言っている姿を見ると、私はおしゃれなどあまり語らずに、黙々と生きていこう、と思ったりするのです。

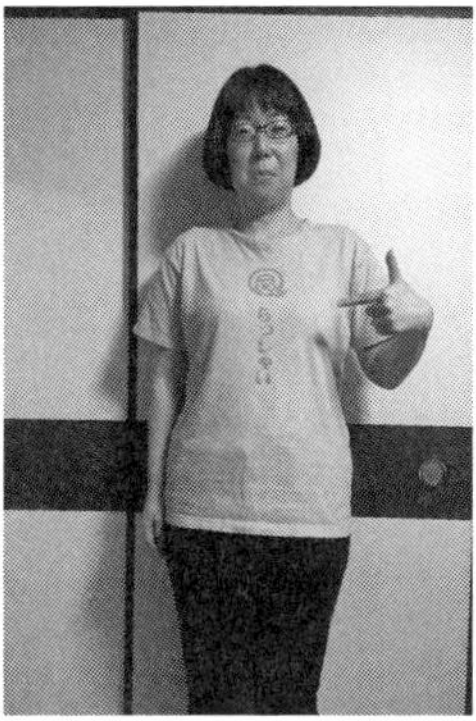

▲ユリオカ超特Qさんのライブ
Tシャツ+ジャージで。くつ
ろぎスタイル。

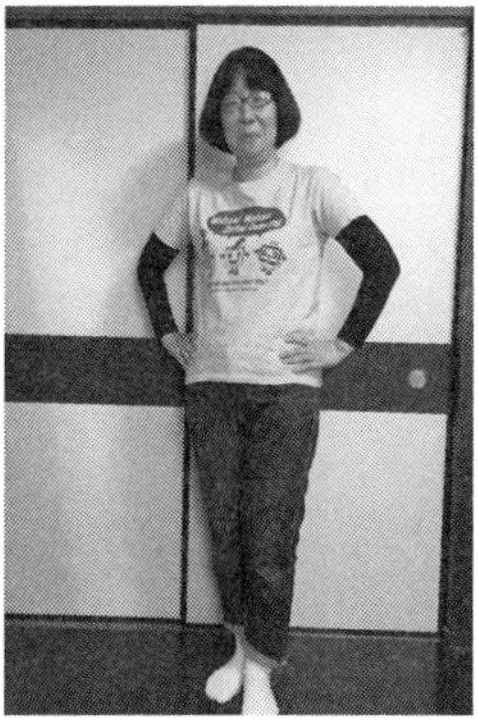

▲冬のみほ定番ファッション。

消えたお金の謎

今、私は44歳ですが、生まれてこのかた家計簿をつけた事がなく、毎月いくら使っているか、はっきりわかりません。独り者ですし、この先どうなるかわからない芸人稼業、しっかりしている人なら、家計簿をつけて収支をしっかり把握して貯金しているのでしょう。多分良くないのですが、お財布にお金がなくなったら、お給料袋から1万位ずつ抜いてお財布に足していくパターンでやっております。

そうなんです、うちの事務所は銀行振込でなく、お給料袋で手渡しされるシステム。毎月20日以降に事務所に行きまして、デスクH原さん（女性）からいただいております。ちなみにいつも手書きのわかりやすい給与明細が入っておりまして、この番組はいくら、このロケはいくらと仕事別に書いてあるので、ああこの番組は結構ギャラが高かったんだな

とか把握出来るようになっているのです。姉ピン仕事、みほピン仕事も折半しているので、姉妹でいつもお給料の額は一緒です。

こんな私ですが、そんなに無駄遣いはしていないつもりです。常に風呂敷を持ち歩いて、仕事先であまったお弁当を持って帰るのは当たり前ですし、仕事先で出るカレー弁当に1個ずつ付いてくるじゃがいも用のバターも余っていたらしっかり持って帰ります（結構バターを使わない人が多い。バターは高級品ですし、捨てられちゃうんだったらもったいない！）。お水やジュースも力の限り持って帰ります。以前に10本位持って帰ろうとしたら、肩が抜けそうになってタクシーに乗ってしまい、逆にお金がかかってしまいました。失敗。仕事先で出た物は姉妹で積極的に持って帰って節約（？）しております。

必要だなと思う物はガッと買う時はありますが、飲む打つ買うもしないですし、高級化粧品も、ブランド物も買っていません。食料品はだいたい阿佐ヶ谷の西友で買います（姉はイトーヨーカドー派です）。ちょっと贅沢してるなと思うのは、ラベンダーの石鹸４３２円をたまに買う事です。

そんな感じで自然にお給料袋の余ったお金を口座に入れていて、ある時姉に通帳を見せた所、「ええっっこんなにあるの!?」と驚かれました。

「えっ？　じゃあお姉さんは？」と聞くと2倍、貯金額の差がある事がわかったのです！　お給料はずっと折半して同じ額。ふたり暮らしを始めてから5、6年経ちますが家賃も光熱費も全部折半しているので収入は同じはずです。何にそんなに使っているのか？　と聞いても、「わからない」と言う姉。さすがにショックを受けている様子です。

ええ〜なんでそんなに差が開いたのでしょう??　いろいろ推理してみました。

姉はパッと見、私よりお金を使っていないように見えるのです。高価な物は基本買いません。お財布も1000円のですし、服もだいたい通販で私より安い服を買っています（なくしたり、汚したりするので高いのを買わない）。たくさん買うでもなし。

100円ショップが好きなので、ちょこちょこお玉立てやら、壁にお玉を掛けるフックを買ったりしていますが、阿佐ヶ谷の全てのドラッグストアをまわって一番安い漂白剤を買うなど、しっかりしている所もあります。大物は最近、漫画の『黄昏流星群』全巻を貸本屋さんが潰れる時に3000円で買った位です。

うーむ……はっ！　思い出しました。以前、姉が弟と同居していて、そこを引っ越す事になり、2人で住んでたから家賃が半分浮いていて少しは貯金があるのでは？　と聞いたら、「全然ない」と言っていた事を。姉は昔から貯金が出来なかったのです！

でも、お給料を使い切って借金した事はないようなので、10万あったら10万、20万あったら20万とあるだけ使っているのでしょうか？　後は消え物に使っている？

姉は人にちょっとした手土産をあげるのが好きで、地方の仕事に行った時にちょこちょこ買っていたり（一口かまぼことか小パックどて煮とか配りやすい物を買っている）、姉の家族も人に手土産をあげるのが好きなので遺伝しているのだと思われます。

あと姉は美味しいものが好きなのでエンゲル係数が高そうです。とにかくお寿司が好きで、コンビニでいつも鱒の寿司を買いますし、地方の仕事に行く時、朝っぱらからお寿司を買って食べていたり（姉の家族もお寿司が好きなのでこれも遺伝？）、阿佐ヶ谷のレッカさんというお店のローストビーフが美味しいので、時折自分へのご褒美で買っていたり、阿佐ヶ谷のイトーヨーカドーで肉コーナーをじろじろ見て割引になっている美味しそうな黒毛和牛（小パック）を買っていたりします。

なくし物、忘れ物も多いのです。

・2人分のグリーン車のチケットをなくした（7万円）
・衣裳を忘れて取りに帰ったタクシー代
・楽屋の鍵を持って帰ってきて戻しに行ったタクシー代
・携帯の画面を3回破壊した修理代
・奥歯を2本セラミックにした（16万円）
・ボーッと歩いていて、木にぶつかりメガネのレンズをなくした。レンズ代（9000円）

一番新規の忘れ物は、熱海での仕事の後、帰りに寄った居酒屋さんに仕事用のコートを忘れ、次の日名古屋での仕事に必要だったので、東京↓熱海、熱海↓名古屋の新幹線代。寿司と忘れ物代が多いのでしょうか？　こういうのが積もり積もって貯金額が倍違ってきたのでしょうか!?　おーこわっ。寿司にいくら使っているのか、調べてみたいものです。

寿司禁にしたら生きる希望を失いそうなので、まずは、姉と一緒にお給料が出たらまず貯金する額を決めて、残りでやりくりしてみようと思います。

▲カレー弁当のバター。こんなに
余ってるんですよ！
パンに塗ったり、料理に使ったりと重宝しております。

*書き下ろし恋愛小説

ふきのとうはまだ咲かない

渡辺江里子

「またのお越しをお待ちしております」

深々と下げた頭を上げ、送迎車が見えなくなるまでお見送りすると、それぞれの持ち場に戻る。今日はあと何組お帰りだったかしら。桜の間と桔梗の間と、あとは……。

「ふきちゃん！」

背中をドンと押す肉厚な手の感触。先輩の仲居の真知子さんだ。少し白浮きしたお化粧と人懐っこい笑顔。いつも通り、ぐぐっと距離を詰めてくる。

「まーた考え事？　あれでしょ、あんた昔の男の事考えてたんでしょ！　それでは歌っていただきましょう。吉田蕗子で『昔の男を待ってます』」

「考えてませんし、そんな持ち歌ありませんし」

「ふきちゃん。こういう時はアーとかウーとか少しでも歌ってから、ノリツッコミしないと。あんたそんなんじゃ、いつまで経ったって吉本の芸人に勝てないよ！」

「真知子さん、私達仲居ですよ。いつ吉本の芸人さんと戦うんですか」

「おおこわっ、おおこわっ　山菜おこわっ！」

「私、廊下の窓磨き入りますね」

小太りな真知子さんの足ではついてこられないくらいのペースでロビーから離れる。真知子さんは朝からテンションが高い。そのハイテンションが少し鬱陶しい時もある。けれど、表裏のない明るい性格の真知子さんがよくしてくれたお陰で、こんな私でも何とか、この旅館で仲居を続けてこられた。感謝はしているのだけれど……。

何かと男性関係の話にこじつけようとする真知子さん。あれだけは、何とかならないものかしら。

窓を磨き上げる手に、つい力が入る。「何が、山菜、おこわよっ」


旅館《たびやかた》ありまは、歴史ある有馬温泉の中でも中堅の宿である。規模はそれほど大きくなく新しくもないが、有馬の中でもここの湯が一番良いと長年通ってくれる常連さんも多い。

自慢は歴史ある日本庭園の中にある、露天風呂。貸切にも出来て、ゆったり入れると評判だ。

この温泉に仲居としてお世話になって3年が経つ。昔は苦手だった掃除も、今はルーティンワークの一環となった。埃も曇りも残さぬよう、隅々まで磨き上げ、ガラス窓越しに庭を見る。本館から露天風呂まで続く、計算して配置された飛び石の道。刈り揃えられた芝。丸々と刈り込まれた常緑樹や、隅々まで整えられた大樹達。春はつつじ、秋は紅葉が見事に映えるこの庭だが、冬に差し掛かる今も一分の隙もない。その隙のなさが、見る者の心を逆にほどいてくれるのはなぜだろう。おもてなしの精神というのは、このような庭の佇《たたず》まいに通じる所があるのではないかしら。仕事の折々に庭を眺め、そんな事を思ったりする余裕も出来てきた。これも3年の月日のお陰ね。

すると、庭を眺める視界の隅に人影がある事に気づいて、ビクッとした。

坊ちゃんカットを軽く七三に分けたような髪。紺色の法被《はっぴ》が大きめに感じるのは、細身で身長もある上に、ややなで肩であるからだろうか。オーバル形の銀フレームのメガネをかけ、薄めの唇を一文字に結んでこちらを見ている男の姿。湯守の年雄さんだ。窓を少し開け、「お疲れ様です」と会釈した。すると、

「そのガラス窓」

「はい？」

「あまり、力を入れない方がいいかもしれないです」

「えっ？」

「随分昔のガラスだから、割れやすいんですよ。昭和初期のものみたいだから」

きつい口調でも表情でもなかったが、いきなり言われたので、たじろいでしまった。

「すみません。今あの」

「いつも丁寧に掃除されているから、老婆心ながら、なんですが」

「年雄さん、ちょっと」と庭の先の方から、女将の呼ぶ声が聞こえた。すると年雄さんは、何か言いかけた口を閉じ、軽く会釈をしてそのまま行ってしまった。

びっくりした。いつからいたのだろう、そしていつから見られていたのだろう。

年雄さんとは、あまり話した事もなく、どういう人かもわからないが、湯守として腕利きだとは聞いていた。3年経った位で慣れたつもりの私の仕事ぶりが、職人気質の人から見たら気に障ったのかしら。嫌味な感じはなかったけれど。

それにしてもこんな初歩的な仕事で注意されるなんて。恥ずかしい。動揺を隠そうと、また強めに窓を磨きそうになって、慌てて手を止めた。木枠のガラス窓が、はずみでカタコトッと鳴った。

渡り廊下の掃除が終わると、担当客間の掃除や、リネンやお茶器の交換。お客様を迎える準備が済んでようやく、短い休憩時間に入る。休憩室からは『有馬の上沼恵美子』とのあだ名もある、真知子さんのハリのある声が漏れ聞こえてくる。この旅館では、少ない人数でまとめて仕事をする分、短い休憩時間にほとんどの人が集まる。皆が当たり前のように、小さな休憩室で同じ賄いを食べ、テレビを見、たわいのない話をしながら、次の仕事まで休みを取るのだ。

こういった仕事に就く人達は、何かしらすねに傷持つ身で、お互いの事は詮索しないものと思っていたが、それは違った。話題の半分がテレビや雑誌の、残り半分が有馬にいる人々のゴシップ。そして、その発信元はほぼ真知子さんだ。

「だからあんた私言ってたでしょ、山の坊んとこのあの高田純次は絶対むかし証券マンかなんかだって。そしたらあんた、こないだ仮想通貨の話になってやっとこさあんた正体バラしてさ、ビンゴよ。したっけあんた、あそこの若女将がせっせっせのヨイヨイヨイってまぁあんた」

ゴシップを楽しげに話す時の真知子さんは、なぜか美川憲一のような話し方になる。

「あんた」が多すぎて、誰が誰だかわからない。

「でもさー、結果みんな、幸せになってほしいよね」

収まり所はいつもこの言葉だ。どんなにゴシップを言っても、最後はこの言葉でしめる真知子さんだから、みんなから慕われ、嫌われないのだろう。この言葉が合図のように、残りの仲居達が「そうだね、そうだ」と言って、テレビ前のコタツから立ち上がる。この中では一番新参者の私がコタツの上を拭いていると、真知子さんがコソッと話しかけてきた。

「私はね、あんた、ふきちゃんにこそ、幸せになってほしいのよ」

「えっ?」

「ふきちゃんはさ、入ってきた時から、ただ必死でここに染まろうとしてさ。でも何だろね、染まり切れない何かがあるのよね。たとえるなら、そうあんた……おでんの中のトマト」

「おでんの中のトマト?」

「お出汁を吸ってすっかり和風になりましたーみたいな顔しても、トマトはトマトなのよ。

悪いって言ってんじゃないわよ。私おでんのトマト大好きだし。でも何かね、早くお鍋からすくってあげたい！　もはやあんたすくわせてーって気分になるのよ」

短めの腕をクレーンのような形にして、大ぶりなジェスチャーをまじえて話す真知子さん。その言葉が、くっと胸に入り込んで、台ふきんを動かす手が止まってしまった。それを待っていたかのように、真知子さんは私の腕をぐっと引き寄せ、さらに小声でこう言った。

「したっけ、ふきちゃん。あんた年雄さんあたり、どう？」

「どうって言われても」

「だって年雄さん、見てるよ、ふきちゃんの事。いっつも見てるもの。あれはもう」

「真知子さん……私、今本当そういうのないですから」

「おおこわ、おおこわ、ふきおこわっ！」

庭清掃の担当の日だった。飛び石の上の枯れ葉を竹ぼうきで掃いていると、年雄さんが歩いてくるのが見えた。すれ違いざま、先日の注意の事もあり、きちんとしなければとほうきを握り直した時、右手がチクッとした。

「いたっ！」

つい声が出てしまった。

「どうしました？」

年雄さんが、驚いた顔をして足を止めた。

「いえ。ささくれていた所を握ってしまったみたいで、多分トゲが」

「失礼」

右手を摑まれ、すーっと年雄さんの顔に寄せられた。

「うーん。どこだろう？」

左手でメガネを頭の上にやり、私の手に顔を近づけたり、遠のけたりを繰り返している。その上、目を細めたり、逆に見開いてみたり。

「近眼なのに、最近老眼も入ってきてしまって。これですかね。いや違うか」

年雄さんの指の感触が、少しこそばゆい。繊細そうな見た目のイメージより、がっしりとした手のように感じられるのは、湯守の力仕事で鍛えられているからだろうか。

「すみません、じきに取れると思いますから」と、手を引こうとすると、

「いやダメです。僕の弟も昔トゲで、手がバレーボール位腫れた事があって」

「えっバレーボール？」

「いや、誇張しました。ソフトボール位かな」

ソフトボールの球でも、結構な大きさじゃなかったかしら。

「あ、ここですかね」

年雄さんはそう言うと、指の付け根の上あたりにふっふっと息を吹きかけ、2、3回爪でつまむようにした。すると、痛みが取れた。

「あ、取れたみたいです」

「よかった。血は？」

「ちょっと。でも、大丈夫です」

すると、手を持ったまま、すぐ近くにあった庭の水撒き用の蛇口の所まで行き、患部を水で流してくれた。

「ありがとうございます」

「もうないかな」

もう一度私の手を自分の顔に近づけて、確認してくれようとする。誠実な人なんだな、そう感じた。

昔見てもらった手相占いでも、こんなに真剣に手を見てはもらえなかった。急に見られている事が恥ずかしくなり、手がじんわり熱くなる。腰に下げられた手ぬぐいで、軽く水気をぬぐってくれたかと思うと、法被の袖から絆創膏を取り出し、するっと指に巻いてくれた。時代劇で、町娘の草履の鼻緒が切れた所を手際よく直してくれる武士のようだった。

「絆創膏、いつもお持ちなんですか?」

「すり傷切り傷が多い仕事だから。あってよかったです」

ふと、目が合った。年雄さんが、何か汲み取ったように手を離し、こう言った。

「失礼。急に、手を摑んでしまって」

「とんでもないです。こちらこそ助かりました」

巻いてもらった指元を見た。指輪のようにも見えて、つい笑ってしまう。

「何かありましたか?」

「いえ、大きな指輪つけていただいたみたいになって」

そう言って、結婚記者会見の芸能人のように、自分の顔の横に右手の甲を並べてみた。

「ああ」

一瞬驚いた顔をした年雄さんだったが、言葉の意味を理解してか、笑ってくれた。

「18金の絆創膏を持っておけばよかったですね」

「いえ、私には金メッキで十分です」

「ふふふ」

笑う年雄さんの頬の筋に、えくぼが見え隠れする。上品な笑顔だと思った。

冷静になってくると、徐々に恥ずかしくなってきた。なぜこのなんの変哲もない絆創膏を、指輪みたいだなんて言ってしまったのだろう。その上、記者会見のように手を見せて笑うだなんて。あの時年雄さん、一瞬驚いた顔をしていた。恥ずかしい。

ここで働くようになってから、お客様にも従業員にも冷静な対応を心掛けてきた。特に男性の前では、意識せずとも距離を取る自分がいたのに。年雄さんが、思ったより優しい人だったからって、つい気が緩んでしまったんだわ。いけない。もっと全方向に気を引き締めなくては。自分の顔を二度、ペチペチッと叩いて、仕事の顔に戻した。ケキョー。私を笑っているのか、はたまた励ましてくれているのか。外で名前もわからぬ鳥が高く鳴いた。

翌朝、お見送りの後、真知子さんにつかまった。

「はいはい、妖怪仲人ババアが来ましたよ」

「真知子さん」

「最近の恋模様は何かあった？　年雄さんとか、年雄さんとか、年雄さんとか？」

一瞬、絆創膏を巻いてくれた年雄さんの姿がよぎったが、こう言った。

「この間、通りすがりに少しだけお話ししましたけど、だからって何も。まだどんな方か知らないですし」

そう言ったのがいけなかった。

それから真知子さんは折にふれ、頼んでもいない年雄さん情報を「お届け」してくれるようになった。5年前からここにいるが、昔の事を聞いても教えてくれない事。地味な外見だけど、よく見るとメガネの奥のまつげが、レンズに付きそうなくらい長い事。前にお新香にしょうゆをかけて食べていたから、東北の男だと思う。寮で履いているサンダルが、なぜか足よりふた回りくらいサイズが小さくて、あれが自然とダイエットサンダル代わりになって、太らないに違いない。いつも飛び石を1つずつ踏みしめて歩いている、あれは浮気しない、多分やぎ座だ、などなど。

「とにかく仕事一筋なんだから年雄さんは。お昼だって薪小屋で食べる事が多いから、あんまり姿見えないでしょ。あの人が湯守になって、お湯が良くなったってリピーター3倍に増えたんだからあんた」

「そんなに」

「前職はお堅い職業だったに違いないよ。権力争いとかなんとかでやられたんじゃない？　でもあれは、いつかまた呼び戻されるね」

「真知子さん、もう占い師ですね」

「ごめん、今日水晶の玉忘れちゃったからタロットでいい？　って違うわ！　とにかく穴場物件なんだからさ、ふきちゃんあんた、がんばりやっしゃ」

真知子さんの気合い入れの平手が、私の背中にバスンッと入った。


いよいよ年の瀬が近づいてきた。

年雄さんは、大阪で数日間の研修に出ていた。私はといえば、魔の7連勤をようやく終え、久々に一日休みの日となった。気持ちが波立っていたりすると、寮で休んでいてもあまり落ち着かない。そんな時は1人で六甲山へ登るのが、有馬に来てからの習慣になっていた。旅館から、徒歩で15分も行けば、ロープウェイの駅がある。紅葉の時期も過ぎると、観光客も地元の人もめったに訪れない。1人で考え事をしたい時には穴場なのだ。

展望デッキに立つ。山の景色から、神戸の街並み、その先には神戸港と海が見える。なだらかで穏やかな、自然から街へのグラデーション。曇り空から光の柱のようなものが差し込んでいる。光で出来たパイプオルガン、そうたとえていたのは宮沢賢治だったかしら。国語教師の時の名残で、つい思い出してしまった。

そう、3年前まで私は、東京のはずれにある高校の国語教師だった。同僚の男性教師と何度か食事をし、車で送ってもらった、それだけの事が、相手が離婚直後だった事もあり狭い町で尾ひれのついた酷く下世話な噂になってしまったのだ。やましい関係など断じてない。なのに、胸を張って生徒達の前に立ち続ける事が出来なくなってしまった。好きとも何とも思っていないと、自分をごまかす事は出来なかったのだ。結局、私は職場を辞め、その町を離れた。

最後に、落ち着いたら会いに行くと言われた。その言葉だけがしばらくの支えだった。有馬に来て半年が経ってから、一枚だけ、その人へ有馬温泉の絵ハガキを送った。相手に気持ちがあれば、これを手掛かりに有馬まで来てくれるのではないか。今思うと、なんて甘っちょろい考えだろう。来る事などない、そうわかっているのに、どこかで待ち続けている自分が嫌で嫌で、仕事に打ち込むしかなかった。

　そんな自分が、今は涙なしにここに立っていられる。時とは、恐ろしくもありがたい。それでも、私の中に暖かな春の訪れなど、まだ。山風が、山肌からデッキの上にビョオオォと音を立てて上ってくる。風邪などひいて仕事に支障をきたしてはいけない。ましてや気持ちを波立てながら仕事する余裕など、私にはないのだから。強風に乱されまくったぼさぼさの髪を隠すように、ダウンコートのフードをかぶり、ロープウェイの駅へ戻り始めた。


　下に降りてきてから、お蕎麦屋さんで鴨南蛮そばを食べて体を温め、旅館に戻ろうとした途中だった。

「藹子さん」

　声の方を振り向くと、年雄さんだった。

「あら？　明日お帰りの予定じゃ」

「明日は予備日で。今夜は懇親会だったんですが、僕は途中で失礼してきてしまった」

「そうなんですね。お疲れ様でした」

「こちらこそ、皆の仕事を増やしてしまって」

「年雄さんこんな大変な仕事よく1人でやってるなぁって、保さんが言ってました」

「いやいや。それより、ちょうどよかった」

そう言って、年雄さんはボストンバッグの中を探った。ガサガサッとバッグの中から出されたのは、白い樹脂製の緩衝材でぐるぐるに巻かれた包みだった。

「これ、食べてみて下さい」

年雄さんからその包みを受け取ると、ほんのり冷たい感じがあった。

「冷たい。何かしら」

「ジーマーミ豆腐」

「え?」

「ジーマーミ豆腐、いや、ジーマミーだったかな。沖縄の豆腐なんですよ」

「沖縄の、お豆腐」

なぜ大阪に行っていたのに、沖縄のお豆腐を? 夜道でもわかるくらい、私の顔は不思議そうな表情になっていたに違いない。年雄さんはこう続けた。

「今日の懇親会、沖縄料理屋だったんです。そこで最初に出されたのがこの豆腐で。僕、初めて食べたんですが、ものすごく美味しくて。そういえば蕗子さん、この間賄いのおぼろ豆腐、おかわりしてたなって」

恥ずかしい。そんな所を見られていたなんて。

「それで、店にお願いして1つだけ分けてもらってきたんです」

「え？　それを私に？」

「はい」

私がいただいてしまって、いいのかしら。

「あの、ほかの方には」

「みんなには、ちんすこうを買ってきたから大丈夫です。まあ、どちらもまったく大阪土産ではないけど」

そう言って、年雄さんは照れたように足元を見た。

「お口に合わなかったら、無理せずに。でも」

年雄さんは私の顔を見て言った。

「優しい味がします」

年雄さんのえくぼが見える。心をほぐしてくれる笑顔だ。

「ありがとうございます。部屋に戻ったら、いただいてみます」

「寒い中引き止めて申し訳ない。僕、コンビニでビール買って帰ります。おやすみなさい」

あと少しで旅館なのに、年雄さんはまた来た道を戻っていった。一緒に旅館に戻って変な勘ぐりをされたりしないように気を遣ってくれたのか、本当にビールが欲しかったのか。どちらにしてもその距離感がありがたかった。

部屋に帰って、コタツの上で包みを開く。保冷剤が4つも入っている。年雄さんが頼んでくれたのだろうか。

ジーマーミ豆腐は思ったより小さかった。1人で食べるにはちょうどよいサイズだ。プラスチックのスプーンと、赤いフタの小ボトルがついている。おしょうゆかと思ってかけたら、少しとろみのついたタレだった。ゆっくり口に入れてみる。普通のお豆腐よりとろっとしていて、自然な甘みがあり、何ともまろやかな味がする。おいしい。思わず、顔がほころんでしまった。みたらしのような甘辛いタレも何とも後をひく。一口ごとに心がほぐれていくようだ。気取りのない、真っ直ぐで素朴で角のない優しさ。まるで年雄さんのよう。

「参っちゃうな」

スプーンを片手に持ちながら、お行儀悪くコタツの上で頬杖をついた。

「参っちゃうな～ほんと」

次の日、年雄さんからの大阪土産として休憩室で配られたちんすこうは、従業員からなんでやねんと総ツッコミをくらっていた。

2、3日悩んだ末に、年雄さんへのお返しは、色気のまるでない絆創膏2箱とお値段高めのシップにした。寮を出て、ボイラー室まで届けようとした時。本館の裏口の所に、年雄さんのなで肩の背中が見えた。近付こうとした所で足が止まる。その向こうに女将さんの姿があったからだ。女将さんは両手で年雄さんの手を握って、何かを真剣に話しているようだった。

「あんただけが頼りなのよ。頼んだえ」

ぎゅっと手を握って、女将さんは母屋の方へ歩いていった。見てはいけないものを見たような気分になる。ふと、渡り廊下の先に人影を感じた。何とも言えない表情で2人を見ている人がいる。真知子さんだった。


年が明け、お正月を過ぎても、有馬全体が観光客と活気に溢れていた。この旅館も満室が続き、飛ぶように日々が過ぎていく。真知子さんとも年雄さんとも、挨拶程度で立ち話をする余裕すらない。むしろあえて、忙しさに没頭しようとする自分がいた。

その噂が広がったのも、年が明けてからだろうか。女将の部屋に年雄が出入りしている。この間なんか、出てきたのが明け方だった。やっぱり女将と年雄はデキていたんだ、と。

つまらない噂なのに、そうなのかしらと思ってしまう自分もいる。そんな話に少しでも気持ちが動かされる自分に腹が立つ。つまらない噂に、つまらない自分。また昔の事を思い出してしまいそうになる。休憩終わりにコタツの上を拭いていると、真知子さんに何かを頬に押し付けられた。

「おミカンよん。ふきちゃん、そんな古漬けのキュウリみたいな顔してたら、年雄さんにモテないわよ。はい、ビタミンビタミン」

「真知子さん、どうしてそんなに年雄さんと私をくっつけようとするんですか？」

「あらそれ聞いちゃう？　聞いちゃう？　じゃあ教えちゃう。あのね〜年雄さん、うちの弟に似てんのよ」

「弟さん？」

「そう。私の半分くらいの歳で、天国行っちゃった弟。あんまり何にも出来ないであっち行かせちゃった気がしてね。だから、なんか年雄さんには、ふきちゃんみたいないい子と幸せになってもらいたいなーって」

「真知子さん……」

「後ろばっかり見てないで、前に進むことが大事なの。はい、おミカンおミカンアルミカン。ペットボトルと一緒に捨てんといて～」


年雄さんと久々に話したのは、1月の満月の翌日。お客様が間違えて客間まで持ってきてしまった、露天風呂の入り口にかける「貸切中」のプレートを返しに行った時である。隣のボイラー室に明かりがあった。ふとのぞくと、薪窯に薪を入れている年雄さんの背中が見えた。細いのにしっかりと筋肉のついた腕で薪を抱え、火に立ち向かうようにくべていく。背中越しにも、鋭い目つきで火と向かい合う、年雄さんの真剣な顔が見えるようだった。

手元の薪がなくなって、補充に立ち上がった年雄さんと目が合った。

「あれ？　蕗子さん」

年雄さんは片手でメガネを取ると、作務衣の肩の辺りで顔を拭って、メガネをかけ直した。

「露天に、貸切札を戻しに来たんです」

「そうですか」

「こんな時間まで、湯守、お疲れ様です」

少し照れて笑った頰の筋に、えくぼが見え隠れする。

ガロンッ。薪窯の中の薪が崩れる音がした。

年雄さんはメガネを上げ、薪を持ってまた火の方を向く。私は少しの間、年雄さんの背中越しに見え隠れする、薪窯の中の朱色に見とれた。

火の色はつい人をまどろませる。何とはなしに、質問をしてしまった。

「年雄さんは、ずっと湯守のお仕事をされているんですか？」

「いや……実は、実家が鳴子にある旅館なんです」

それなのになぜ有馬で、と聞いてしまいそうになったが、聞くのはやめた。私が聞かれる立場だったら……そう思ったからだ。すると、こちらがあえて聞かずにいるのを察知してか、年雄さんがゆっくり話を続けてくれた。

「家族経営のこぢんまりした旅館なんですが、父親が隠居したら、どちらが旅館を引き継ぐかで弟と揉めてしまって。兄弟でのいざこざ程恥ずかしいものはないから、旅館は弟に譲って、東京で経理の仕事についたんです。そうしたら、今度は社内のいざこざに巻き込まれてしまった。どうも、上手く立ち回れないんですね。それで、投げやりな気持ちになっていた時に、昔から家族で付き合いのあったここを思い出して。来てみたら、温泉旅館の空気がひどく懐かしくて、それで、働かせてもらうことになったんです」

「すみません、軽はずみな質問をして」

「こちらこそ、何だか、つらつら話してしまいました。いつもはこんなに話すことないんです。お月さんのせいかな。年明けに1つ歳とったせいかもな」

　ふいに真知子さんからの情報が思い出された。

「年雄さん、もしかしてやぎ座ですか？」

「うん？　ああ、はい」

「あ、変な事聞いて、ごめんなさい」

年雄さんはやぎ座。真知子さんさすがだわ、予想が当たってる。

年雄さんは薪窯の方を見たまま、言葉を続けた。

「ここに来てよかったです。数字だけの仕事をしていた頃には見えなかった事も見えてきて」

年雄さんは薪を置いて、空を指さした。

「月がきれいです、今日は寒いからよけいだ」

見上げると、寒さで緩みのない夜空の遠くに、ほぼまん丸の月が、はかなげに上っている。

「本当。よく見えますね」

肩が触れた訳でもないのに、年雄さんの体温が高い気がするのは、私が変に意識するからか。

「蕗子さんが、いつもあの渡り廊下のガラス窓を熱心に磨かれていて」

「すみません、いまだに加減がわかっていなくて」

「いや、誰よりも細やかに隅々まで、心を配られている。仕事に必死すぎて、こちらが心配になるくらいです」

「そんな、年雄さんこそ誰よりもお仕事熱心なのに」

「僕は頼まれた事をやっているだけです。弟から、戻ってきてほしい、一緒に旅館を立て直してほしいと言われても、小さなこだわりや不安にとらわれて、答えを先延ばしにしていて、日々を漫然と過ごしていたんです。そんな時に、蕗子さんの誰も寄せ付けない程の真面目な仕事ぶりが……僕には、まぶしかった」

見上げていた年雄さんの顔をまともに見られなくなって、顔を下げる。

「蕗子さんの指にトゲが刺さって、応急処置をした時」

私が、絆創膏を指輪みたいだなんて、バカなことを言ってしまった時だ。

「指輪みたいだと言って、こちらに右手を向けて笑ってくれた時、思ってしまったんです……指輪が本物で……左手にだったら、蕗子さんどんな笑顔になるんだろうって。ジーマーミ豆腐を食べた時も、蕗子さんの笑顔を思い出した。あなたが、こんな僕に微笑んでくれた、その可能性にかけたいと思ったんです」

「年雄さん」

「蕗子さん、よければ僕と一緒に鳴子に来てくれませんか」

「そんな、私」

幸福感と切なさが混ざったような何とも言えない気持ちに襲われながら、ようやく言葉を出した。

「……少し、時間を下さい」

はっきりとした答えを出せないまま、日々は過ぎていく。年雄さんと顔を合わせると、挨拶にその日その日の仕事の話と当たりさわりのない会話にとどまってしまう。

年雄さんに聞きたいことはたくさんあった。あの夜の告白は本心ですか。こんな私で良いのですか。女将さんとの噂は、ただの噂と信じて良いのですか。

聞いてほしいこともたくさんある。私自身がここに来るまでの話。今の自分の事。真知子さんとの話。何も話していないのに、今の私を受け止めようとしてくれる年雄さん。その想いを信じたいけれど、信じて前に進む勇気がまだ持てなくて。申し訳ないと感じながら、あっという間に1月が終わってしまった。

節分終わりの寒い日だった。お客様のお見送りで忙しくなる前、従業員全員に招集がかかった。女将さんの隣に、年雄さんの姿がある。

「湯守の年雄さん、今日で辞められます。うちとこと先代からお付き合いのある鳴子の旅館のご子息で、諸々あってしばらくお預かりしてたんや。湯守だけやなく、今年の確定申告がどうにも埒あかんくて、無理言って手伝ってもらって」

確定申告？　な～んだ、と小声でザワつく従業員。

「私としては、腕のある年雄さんに少しでも長くいてもらいたかったんやけど、家業を継いで切り盛りしてはった弟さんが倒れたそうで、急遽帰られる事になりました。後任は……」

年雄さんは旅館の息子で、女将さんとの逢引は、確定申告のお手伝いだった。今日の休憩室ではきっと、真知子さんが男どもの前で勝ち誇ったように、会話の主導権を握るだろう。

年雄さんが短い挨拶をしたようだが、耳に入ってこなかった。

その時が急に来てしまった。年雄さんが、実家に帰ってしまう。

挨拶が終わると、急な別れを惜しんで真知子さんや仲居達が年雄さんを取り囲んだ。その輪には近寄らずに「お疲れ様でした」と一礼して、廊下へと向かった。年雄さんがこちらを見ていたようだが、目を合わせられなかった。真知子さんが近づいてきて、耳元でささやく。

「11時10分の阪急高速バスで新大阪へ出るんだって。すぐよ、ふきちゃん！」

それから休憩までの3時間、一心不乱に仕事をした。休憩前の最後の仕事は、窓拭き。いつもと変わらない作業、いつもと変わらない庭。なぜ今日はやたらと無味乾燥に見えるのだろう。窓に映る自分の無表情な顔。その顔を消すかのように、窓を磨き続けた。

仕事が終わると、休憩室には行かずに寮へ戻る事にした。下足箱を開けた所に、小さな白い紙。ハッとする。その紙には、走り書きでもわかる几帳面な字で、こう書かれていた。

「六甲山で待ってます」

小さな紙を持つ手が震える。誰からとも書かれていないが、わかった。私を待っていてくれる人。年雄さんだ。

ロッカーからカバンとダウンだけ取り出し、転がるように外へと走り出した。

気がつけば、ロープウェイに乗っていた。乗客は私と、中国からの観光客2人だけだった。どれだけせわしく走ったのだろう。車輛が動き始めても、呼吸を整えるのにしばらく時間がかかった。

　窓の外を見る。薄曇りな中、弱い日光が冬の山並みをうっすら照らしている。深い谷には雪が残っている場所もある。まだ、春は遠い。

　上まで行ったところで、年雄さんがまだいてくれるともわからない。ましてやこんな寒い時期に、ずっと待っていてくれるなど。つまらない理性などさっさと捨てて、素直にすぐ追えばよかった。

　上りの半ばを過ぎた頃、反対側のケーブルの先に、下りのロープウェイの姿が見えた。胸騒ぎがして、目を凝らす。つい立ち上がって窓際に寄る。すれ違う数秒。年雄さんと目が合う。驚いた顔の年雄さん。行ってしまう。どんどん離れていく。年雄さん。行ってしまった。


　ほどなくロープウェイは山頂の駅に着いた。けれど私は、そのまま下りの車輌に乗りかえる事もせず、のろのろと駅を出た。山頂には小雪が降り始めていた。

　年雄さんの顔が浮かぶ。トゲを必死に探している顔。しわに見え隠れするえくぼのある顔。豆腐を渡して来た道を戻っていく顔。月を背に想いを打ち明けてくれた時の顔。ロープウェイの窓越しに見えた顔。

やみくもに飛び出してきてしまって、手袋もマフラーもない。体も寒いが、なにより心が寒い。

せっかくこの凍てつきから救ってくれようと、手を差し伸べてくれる人が現れたのに。素直になれなかった自分のつまらぬ頑なさが、むしょうに悲しかった。

ふいに、肩にかけていたカバンの中から、携帯の着信音が聞こえた。かじかむ手でカバンから取り出し、「出る」のボタンを押す。

「蕗子さん?」

優しい声。年雄さんだ。

「はい」

声がかすれる。

「真知子さんが、番号、教えてくれました」

真知子さん、本当におせっかい。でも、本当に優しい。

「ふきのとうが、道の奥に咲いていますよ。春が、近いです」

「はい」

「蕗子さん」

「ううぅ……。はい」

「ありがとう」

第3章

引っ越し騒動

ヒッコシ ノ ゲンイン フトン ノ シキカタ

私達、引っ越し検討し始めました

「今、物件を探してるんですけど」

みほさんとの会話、この言葉から始まる事が、最近増えました。

もともと、私がひとり暮らししていた今のアパートに、みほさんが越してきたのが6年程前。ふたり暮らしになって、「有吉ゼミ」でヒロミさんにおしゃれバリ風モテ部屋にリフォームしていただいてから、はや2年。コタツを挟んで何となくお互いの陣地が出来るようになって、収納の棚も２人分作っていただいて機能的になったものの、それでも手狭感が拭えずにおりました。

ありがたい事にお仕事も少し増え、そうなるとなおさら、オンでもオフでも２人でいる時間が増えます。私は、いい歳してお恥ずかしいのですが、寂しがりな所があり、下宿や弟との同居経験もあってか、２人でいる事もあまり苦になりません。ですが、もともとひとりっ子のみほさんは、やはり1人の時間が欲しいらしいのです。そういう時や、なにか小競り合いをして一緒にいたくない時などは、こんな言葉をみほさんが口にします。

「ちょっと1人で西友に行ってきます」

この言葉に「みほ、1人になりたい」のニュアンスを汲み取って、こちらはこちらで
「じゃあ私はうちに帰ってます」

もしくは、

「じゃあ私はイトーヨーカドーに寄るわね」

などと言って、距離を詰めないようにして気をつけていたつもりだったのですが……。

少し前から、みほさんが、

「ああ、お姉さんが多いわ～『エリコ過多』だわ～」

と、何やらオリジナルな造語を持ち出して、直接的にひとりになりたいアピールをしてくるようになってきました。

最初、耳だけで「エリコ過多」と聞いた時は、私のいかり肩の事をそう呼んでいるのかしら。それとも「豚肩ロース」のような、何かのお肉の部位にたとえているのかしら、と

思ったりしましたが、違いました。私といる時間が多いのを、過多と言っているのです。それは嫌いという事なのでは？　と聞いたら、

「嫌いではないです、ただ多いんです」

とみほさん。このニュアンス、わかりますでしょうか？

とはいえ、エリコ過多になられたら、西友辺りを回ってきてもらえばいいし、こちらもあまり顔を合わせないようにおとなしくしていれば、何とかなるのではないかと、思っておりました矢先！


みほさんが、「布団を敷いても、床に寝ているのと同じ感触になっちゃったから」と、長年使っていた布団を買い換えたのです！　買い換えたのは、もちろん良いのです。問題は、シングルからいきなりセミダブルの布団にした点です。

元々それぞれの陣地が1畳ずつしかないのに、みほセミダブルのおかげで、私の1畳の陣地がさらに狭く感じられるようになりました。

我が家の陣地は、家具調コタツを挟んでの1畳ずつなのですが、対岸にドデンとセミダブルの布団が敷かれると、必然的にコタツもこちらに寄ってくる感じで、私の布団がコタ

ツの脚でグッと押され、アルファベットのEみたいな形に。エリコの頭文字もEだからピッタリよね、じゃないのよ、みほさん。勘弁して〜〜。

この歳になって、アルファベットのEの布団で寝る事になるとは思わず、今度はこちらの不満感がじわじわと増す日々。さらに、私が寝ようとすると、宵っ張りのみほさんが動画をスマホで見始めて、その声がとても気になって寝られないのです。

ものすごい声で鳴くバジェットガエルの動画や、カッコウがほかの鳥の巣に卵を産んで生まれた途端、生存競争する托卵の動画や、頭や前足の上に何かしらを載せてもじっとしている猫の動画とか（猫の首につけている鈴の音とかがわずかにチリンチリンなるのが聞こえたりして、それが気になる！）。

イヤホンをすればいいのに、なぜかしないで見るのです。その上、微妙に聞こえてくるか聞こえてこないかの音量なので、なおさら気になってしょうがありません。私が寝るとすぐいびきをかくのが腹立たしいので、報復も兼ねているのだわ、そうに違いありません。その上、寝たら寝たで、「昨日も寝顔が腹立たしかった」などと言われるのです。腹立たしいなら見なきゃいいと思うのですが、お手洗いに立ったりすると、つい見てしまうのだそうです。6畳1間トラップ！

人さまからしたら、どうでもいいチマチマした事を長々書いてしまいました。

お互い、1人に1つずつ部屋があれば、もっと気持ちを荒立てずに穏やかに暮らせるのかもね〜と話す事が増え、ここよりいい環境はそうそうないと思うけど、条件に合った所があれば、引っ越しも考えましょうかね、という流れになりました。とはいえ、まずは「2間ある所での同居」が前提で！

それ以来、みほさんは怪しげな動画を見る代わりに、スーモやらアパマンショップやら地元の不動産の物件情報やらを、くまなくじっくり見ています。

そして朝に晩に「いま、物件探してるんですけど」から会話が始まり、「これはどう思う？」「これは怪しいですかね」と話しかけてくれるようになりました。2人で理想の間取りなどを話したり、紙に書いたり。

倦怠期の夫婦の前に現れた青汁のCMのように、引っ越しへの前向きな思いが、2人の関係性にもいい流れを与えてくれました。こんな感じでゆるやかに、姉妹の引っ越し話は始まったのでした。

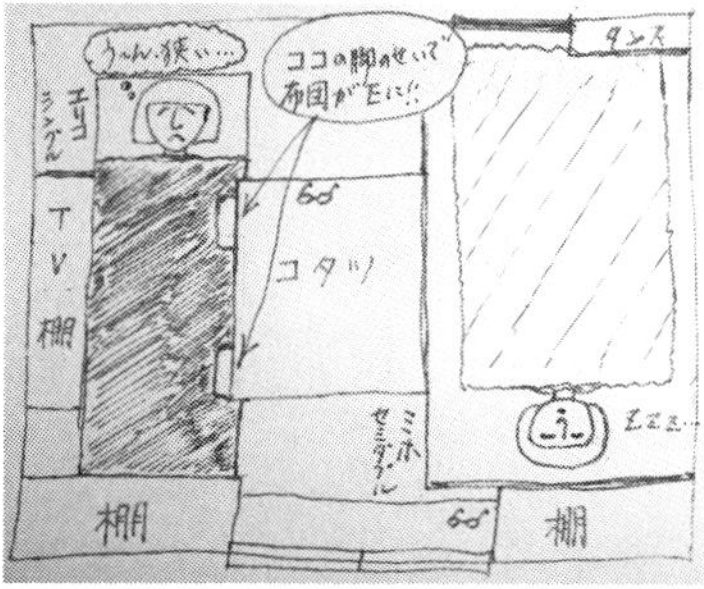

▲現在の我が家の布団事情です。かつて新聞雑誌の投稿などを見て「中年くさい絵だな……」と思っていた、その雰囲気がまさに自分の絵に。生活だけでなく、絵のタッチまでも昭和テイスト。

理想だらけの物件の条件

姉とのふたり暮らしも6年位経った頃、以前はたまにだったエリコ過多が頻繁になってきました。ありがたい事にお仕事もだんだんいただけるようになり、そうなりますと朝も姉、仕事も姉、帰ってからも姉、夜中も姉、それはもうエリコ100%な状態です。

部屋を見回すと2人の物でぎゅうぎゅう。自分の物で散らかってるのはいいのですが、姉の物が散らかっていると腹立たしいし、私がセミダブルの敷布団を買ってしまったので、足の踏み場は、♪チャーチャーチャーチャン　チャーチャーチャーチャン　チャーチャーチャーチャン　チャチャチャチャチャチャチャ　チャーチャーチャーチャン！　チャーーン　ゼロ～（NEWS ZEROのテーマ）なのです。

セミダブルの敷布団はシングルとそんなに変わらないだろうと思っていたのですが、棚とタンスの間に敷くと無理矢理押し込めないと入らない状態な上、棚、タンス、壁、コタツと四方を囲まれ棺桶に入れられたような息苦しさです。

冷静になって考えるとセミダブルを買った私が悪いのかもしれませんが、それはそれとして、夜中にはガーガーと姉のいびき攻撃！　私は発作のように引っ越ししたい病になりました。深夜、いろいろな不動産屋のホームページを片っ端から見ていき、だんだん自分の部屋の希望が固まっていきました。

私の理想の部屋は……

・もちろん阿佐ヶ谷
・2DK
・家賃10万～12万
・2階以上
・姉妹各自の部屋がある
・各自の部屋5～6畳
・どちらの部屋にも押入れ1間

・お互いの部屋は壁で仕切られていて台所から出入り出来る
・各自の部屋にエアコン
・ベランダがある
・風呂トイレ別
・お風呂が追い焚きが出来る
・お風呂が古くないのがいい（お風呂に湯沸かし器がくっついているタイプはなんだか恐い）
・室内洗濯機置場がある
・電気コンロじゃなくてガスコンロが置ける
・更新料がない

姉の希望を聞くと、右の条件とさらに、

・南向き
・阿佐ヶ谷駅から徒歩10分圏内
・虫などが来ないように網戸がしっかりしている

との事。まあなんて欲張りなのでしょう！　あ、私もか。とにかく条件がこんなにいっぱい！　ふたり暮らしを始めた頃は狭くてもいいじゃない、雨風が凌げればなんて思っていましたが、人間贅沢になりますね。

エリコ過多の割になんで2DKを探すのか？　と思われる方もいるでしょうね。もちろん、1人部屋も少し探したのです。でも1人部屋ってどの部屋も代わり映えしないというか、今の部屋と似た部屋にお金を出して引っ越すのも馬鹿らしいというか、それなら今の部屋が好きですし、姉と距離が離れてしまっても、どうせ行き来するから効率が悪いというか、ふたり暮らしならご飯も作ってもらえそうだし、1人だと私はすぐだらけるので、やはり同居がいいのでは？　でも2DKに住んだら一生一緒に住みそうだなとか、いろいろ葛藤はあったのですが、各自の部屋があれば、ふたり暮らしの方がいいかなと思ったのでした。

まだ直接不動産屋に相談に行く事はせず、ホームページを見たり、不動産屋の店頭に貼ってある物件を見る日々を続けておりました所、ある番組の打ち合わせで姉妹がふたり暮らし出来る物件を探していると言ったら、番組で探してくれる事に！

2件物件を見たのですが、1件目は2DKではなく、ちょっと古めの2階のワンルーム隣同士の物件（正直これはピンとこず）、2件目は1階の2DK各部屋5畳キッチン3畳、しかもリフォームしてあって部屋もキッチンもお風呂もきれい。そして家賃がなんと9万5000円なのです。いいじゃない、これはかなりテンションが上がりました！

その場で契約もできたのですが、冷静になるべく一度話を持ち帰る事に。でも1階だというのがどうしても気になりやめる事に。思い切りの良い人ならパッと決めてしまうのかもですが、物件に関しては慎重な姉妹。はぁ〜なかなか難しいものです。

つづく。

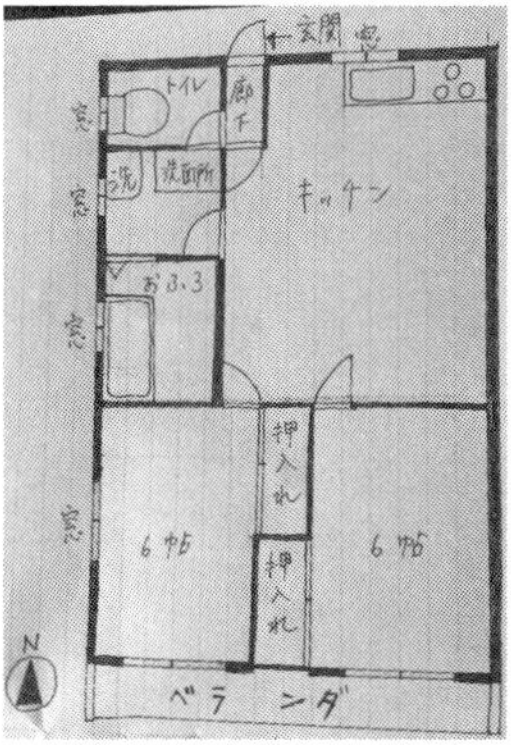

▲理想の間取り図です。ポイントは玄関の廊下が少しあるので、宅配便の人が来ても、部屋を見られない所、水まわりに窓がある所。各部屋は押入れが間にあるので、音が丸聞こえにならない。どちらの部屋がいいかはジャンケン争奪戦で決めると思います。

内見珍道中

姉妹の物件探しは続いております。私は、部屋が狭い狭いと思いながらも、ふたり暮らしの味わいも嫌いでなく。性格的に優柔不断な所もあるので、本当に引っ越ししたいのかしら、でも狭いし、でも今の場所を離れてまで良いと思える所なんてあるのかしら、う〜んでも狭いし、と逡巡しつつ。みほさんの引っ越しへのノリノリさ加減に引っ張られる形で、重い腰を上げ始めました。

私達が物件を探しているという話は、テレビやご近所の井戸端話で、いつの間にかそれとなく広まっていたようで。行き帰りの道すがら、「新しいとこ探してるんだって?」「阿佐ヶ谷はなかなかいいの出てこないでしょう、いい所はみんな長く住み着いちゃうから」「何かいい話聞いたら教えてあげるね」などと言っていただく事も増えてきました。さすが、アットホームなマイタウン阿佐ヶ谷。

お話を聞いているうちに、阿佐ヶ谷は単身者向けのワンルームや1Kが割と多く、それ以上のふたり暮らしやファミリー向けの物件は、ほとんど埋まってしまっていてあまり出てこない街だという事がわかりました。さすがさすが、最近、住みたい街ランキング4位まで上ってきた阿佐ヶ谷です。

もちろん、希望お家賃の上限を上げれば、引っかかってくるものは増えますでしょう。しかしながら、明日はどうなるかわからないこの商売です。来月またコールセンターや富士そばのアルバイトに戻るやもしれず、そうなるとよく聞く「芸人たるもの、どんどんお高い所に住んで、ステータスを上げていくんやで！」という説にはなかなか簡単に乗っかれない、というのが2人の総意でした。

ネットに出ている間取り図ばかり見ていると、どれがよいのかわからなくなってきてしまい、みほさんも私もうなってばかり。こうなったら色々内見させてもらいましょうとなりました。

3件見せていただいた日の事です。最初の物件は、お墓の前だという事で、価格設定が安くなっていました。今のアパートからさらに駅近になって、5階か6階で、2間あってキッチン設備もしっかりしていて、お墓も見えづらい角部屋で、みほさんも「私はお墓とか、全然大丈夫ですけど」となぜか自信たっぷりに宣言をしてくれて、最初は悪くないかしらと。ただ、お手洗いの窓が転落防止のためか、どうにもこうにも2センチくらいしか開かない窓で、そこに西陽がカーッと。行った事はないのですが、なぜか留置所のお手洗いってこんな感じなのでは？　と思ったりしてしまって、結局決められませんでした。

続いて伺ったのは閑静な住宅が立ち並ぶ南口。ベランダにも両部屋から出られて、過ごしやすそう。ただ、なぜか玄関のドアが、塗り直したのか内側だけすごく水色。みほさんは、「私は水色、大丈夫ですけど」とこれまた高らかに宣言。

さてベランダに出てみると、2人の視界のすぐ先に、とある大学の有名相撲部のお稽古場が見えました。日も暮れかかった時間に、うっすら見える干されたまわし達。まわしもお相撲も嫌いではないけれど、あちらのまわしがこちらから見えるという事は、あちらから見ようとしたら、こちらのまわし的なものも見えてしまうのではないかしら。いや、こちら側のまわし的なものって何？　という問いはさておき結局こちらも保留に致しました。

最後は今までで一番駅から離れていましたが、10分圏内で3階建の最上階、しかも各階に1室しかない作りで3方向からの採光が。しかも収納やお部屋の仕切りもバッチリで、一番ゆったり暮らせそうな間取りでした。

ただ……そちらの建物の名前が、「レジ●ンス荻窪」。

荻窪？　阿佐ヶ谷姉妹なのに、おぎくぼ？　住所は確かに阿佐ヶ谷なのに。荻窪駅にも遠くない位置だからこその名称でしょうか……うむむむ。もしも、私達がこちらに住む事になったとしたら、「阿佐ヶ谷姉妹です！」と自己紹介する度に（でも……住んでるのはレジ●ンス荻窪ですけどね）、と心の中でつぶやいてしまいそう。建物名に荻窪と入っているだけで、どこか後ろめたい気持ちが拭えないとなっては仕事にも差し障りが出そうだわ、と、同行の不動産屋さんに聞こえないようコソコソと話し合い。

同行して下さった不動産屋さんのご担当、お若くて、メガネをかけるも若干明るめのお色みの髪の、爽やかな方。最初はとてもお優しかったのですが、やはり3件回ってもモジモジボソボソとしている私達に付き合いかねたのか、最後になって「今日中に決めるか、仮押さえしないと、本当にどこも無くなってしまいますよ」と、ぐぐっと猛プッシュをかけられ、日が暮れるとこの方、人格変わっちゃうタイプ？　と思う程でした。日頃から男性に猛プッシュかけられる経験もなく、その営業力にかえって引いてしまった私達。

まるで甲斐性なしの父親の借金取りへの娘の対応みたいに「すみません、あと一晩だけ待って下さい」なんて返答をして、翌日お電話で丁重にお断りしました。

物件探しは奥深いものです。そんなこんなで、よりしっくり来るおうちを求めて、姉妹の物件探しは続くのでありました。

つづく。

▲え？　もう引っ越したの？　と思われてしまうかもしれませんが、以前リフォーム企画で一度我が家をまっさらにしていただいた時の写真です。今回のお部屋探しの後に、我が家がこのようにまっさらになる日が来るのでしょうか～。

巡り巡って、住めば都!?

私達の物件探しへの情熱もいよいよ高まり、熱に任せて姉を引っ張りだし、一日3件の内見をしたのですが、どれもあと一歩の決定打に欠け、不動産屋さんの態度の急変にもショックを受け、しばらく途方に暮れていました。

そんなある日、姉がカーブスに行く道すがらの不動産屋にある貼り紙で、いい物件を見つけてきたのです。

2階の2DK、風呂トイレ別、エアコン2台、室内洗濯機置場、ベランダ、1フロアに1室のみ、阿佐ヶ谷駅から5分、家賃9万7000円。うわー来たわ、理想の物件!!

これは決まっちゃう？　決まっちゃう？　などと姉妹で盛り上がり、早速内見させてもらう事になりました。

　立地も阿佐ヶ谷駅から5分、周りにこぢんまりしたレストランや雑貨屋さんなど何軒かあり、ちょうどいい賑やかさの通りで、いい感じです。

　わくわくしながら部屋に入ってみると……。通りに面した部屋は明るくていいのですが、台所やもう1つの部屋は昼間なのに、ずいぶんと真っ暗なのです。んんん？

　私はまあまあ日当たりがよければ、そこまで気にしない方なのですが、これはかなり暗い……障子がしまってるせいかしら？　と開けたりしてみるのですが、どうやっても真っ暗いのです。パッと姉を見ると、日当たりにうるさい姉は、審判が旗をあげて「マイナス5点！」と言っているような顔をしています。台所も窓がなく電気をつけないとダメな感じです。ん？　暗い上に何か圧迫感もある……なぜかしら？　とふいに天井に手を伸ばしてみると、157センチの私の手が天井にピタッとついたのです。ええ？　拷問部屋の天井みたいにどんどん下がってきているのかしら？　姉もそう感じたようで、不動産屋の方に「天井がちょっと低いんですかね？」と聞くと「これくらいは普通の高さですけどね」と言われ、この一言で心のシャッターがガシャーン！　と閉まり、あっけなく内見は終わったのでした。

何件か内見をして気付いてしまった事がありました。「私、今住んでいるこの場所がすごく好き!!」という事です。どこがそんなに好きなのだろうと考えてみると、

・大家さんが良い方（自宅ロケにも好意的。ありがたい）
・2階の部屋、南向き
・ご近所の方もすごく良い方（出演しているテレビを見てくれたり、ライブも見にきてくれたりする。ありがたい）
・アパートの周りには、花や木々が植えてあり、スズメ、ハト、カラス、ネコがくるので和む
・通りからちょっと入った所なので、賑やかすぎず、寂しすぎず、暗すぎずちょうどいい
・駅からも遠すぎず、ちょうどいい
・天井に手がつかない

今のアパートに近い2間の物件があればいいのでは？　とインターネットで探したり、不動産屋さんにも聞いたのですが、近いけれど片方の部屋が4畳だったり収納がなかった

り、日当たりが悪そうだったりと姉妹の納得する物件はなかったのです。

困りました……私はガンコで頭が固いのでしょうか？　もっと柔軟に考えるべきなのでしょうか？　いやしかしピンとこない所には住めませんし、でも今の所を超える物件なんてなさそうな気もしますし、超えなくても、あらいいじゃないと思える何かが欲しいのです。姉も無理して引っ越しする気はないようです。しかしこんなに私ぞっこんだったなんて！

でも、このアパートは全部1Kで空き部屋もありませんし、こうなったら、大家さんにお願いして2間にリフォームしてもらうしか……。ああっ引っ越し出来ないっ（泣）。理想の物件探しは暗礁に乗り上げたのでした。


つづく。

▲我が家にて、大好きな京都の三十三間堂のお線香をたき、癒される私。

奇跡ってあるんだね'17

鼻息荒かったみほさんの引っ越し熱も、内見によるＬＩＦＥゲージの減少と、今住んでいる所の良さを再認識して、かなり下火になってきておりました。

「私、気付いたの。今の、ここが好き」とみほさんがかなりガチな表情でつぶやいた時には、下町の糸井重里さんかと思いました。いや、糸井さんはこんなベタなキャッチコピーは作られないでしょうけれど。

とはいえ、狭い6畳内の陣地取り合戦、暑い日寒い日に1つしかない窓のどちら側を開けるか紛争（開ける側によって、どちらのいる陣地が風の影響を受けるか、とても重要なのです）など、細々とした小競り合いの中で、「もう1部屋あれば……」という願望は捨てきれません。

「そんなに今いる所が好きなら、そのアパートの隣の部屋とか借りたら？」というお声もありました。実は物件探し当初、その線も考えておりました。

私達のお隣の部屋は、大学生のお兄さんがお住まい。私達が自宅でマグロの解体ショーのロケをした時に、うるさくしたお詫びも兼ねて、マグロのおすそわけに伺った時も、にこやかに受け取ってくれた好青年です。とはいえ、玄関先でお会いした時に軽くご挨拶する程度。

ん？　大学生？　という事は、問題なければ、４年かそこいらで卒業したら、引っ越しの可能性大じゃないかしら？　記憶をたどってみたら、ちょうどお隣が引っ越しのご挨拶に来て下さったのが、４年前位だった気がしてきました。もちろん就職しても、そのままこちらに住まれて阿佐ヶ谷から通う可能性も考えられます。とはいえ、聞いてみない手はないわよね、ないわよね!!

私達はこの発見と可能性に、興奮して小鼻をふくらませながら、ひそひそ話し合いを重ねました。ご本人に直接伺うのはあまりになので、大家さんにお家賃を払いに行った時に、さりげなく伺ってみました。すると、まさかの答えが。大家さんによると、お隣の大学生さん、なんと大学院に進学されていたとの事。だ、だ、大学院！

築年数を重ねたアパートのあまり厚くない壁1枚のお隣で、しょうもない事でゲラゲラ笑っているおばさん達の声がご迷惑な時もあったでしょうに。

うーん、優秀！

でも……うーーーーん、残念!!

このお話を聞き、お隣のお部屋はしばらく無理そうね、となりました。また、その他のお部屋も、私達と同様に居心地のよいアパートから離れたがらない、長期に借りている方ばかり。やはり動きはなさそうとの事で、気持ちを切り替え、物件探しを続けたのでした。

なかなか目を引くような物件に行き当たらないまま日々が過ぎ、みほさんの毎晩のネットサーフィンが、物件探しから、履きやすい靴探しに移り出した頃。

朝ゴミを捨てに行った私に、大家さんが声を掛けてくれました。

「お隣の学生さんね、来月末でお引っ越しするんですって」

えーーーーーーーー！

「お部屋探してるってお話だったでしょ？　お隣が出られてから、お部屋見てもらって、気に入られたら、考えてもらっても」

えーーーーーー！　えーーーーーーー！

大好きな今の場所に住める上に、二部屋の夢も叶う。しかもお隣なら、お風呂トイレも増えるし、行き来も楽ちん。

ここにきて、奇跡キターーーー！

一重の瞼が、十二重になった位、視界がパカーンと開けた感じになりました。

それにしても学生さん、私達が時々コソコソと「お隣が引っ越してくれたらいいのにねぇ」なんて言っていたのが、まさか聞こえてしまったのかしら。心配になったのですが、大家さん情報によると、大学院のお近くに引っ越されるそうで、いわゆる「学業のご都合」。ホッとするおばさん2人でした。

学生さんお引っ越し後、いざお隣のお部屋を内見させていただくと、数年前にかなりのリフォームが入った事もあり、私達が住んでいる部屋とは随分と違う感じになっていました。

和室形式ではなく、天井の高いロフト付きフローリングで、押入れはなく、お風呂、トイレ別。一口コンロ備え付けのミニキッチン。白を基調とした、ヤングに好まれそうなお部屋。お知り合いの内装業者さんが気合を入れて作り変えられたそうで、「好みがあるから、気に入ったらで」と大家さんも気遣って下さったのですが、この千載一遇のチャンスを手放す理由もなく、お借りしたいとお願いしました。大家さんと交渉した所、敷金礼金なしの厚待遇。引っ越し費用もほぼかからず。ありがたい事この上なしです。

姉妹で話し合った結果、ロフトがどうしても嫌だというみほさんの意見を尊重し、私が隣の部屋に移る事にしました。


と、いう事で長らく続いた物件探しも、ある意味理想的な形にたどり着きました。

これから、引っ越し作業するにあたってどのような事が起こるのか、ふたり暮らしが、お隣同士とはいえ、ひとり暮らしになる事で私達の何がどう変わっていくかは、まだわかりませんが、これからも協力して仲良くしていければと、思いを新たにしております。

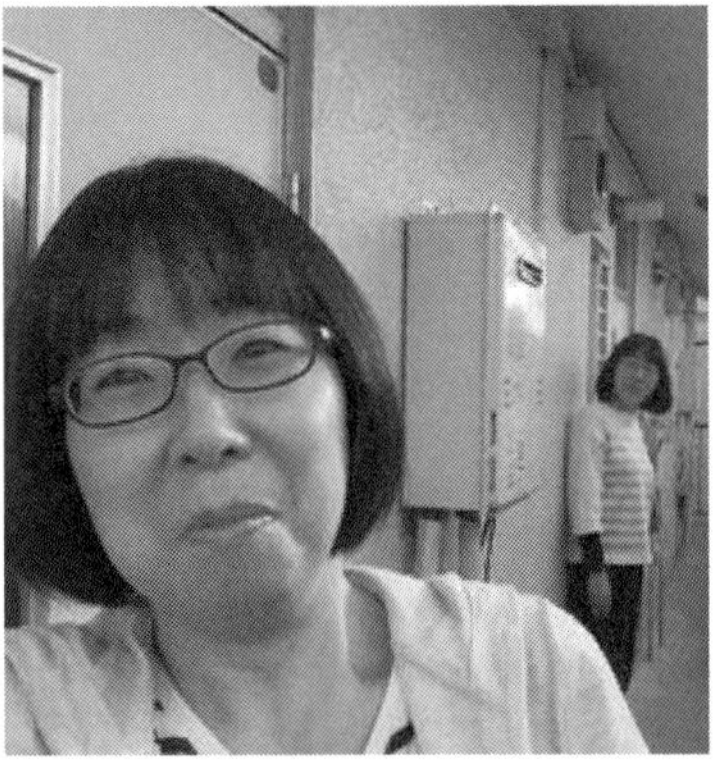

▲それぞれの部屋の前に立っての1枚。2人とも納得の笑み。

姉妹、別々の部屋になりました！

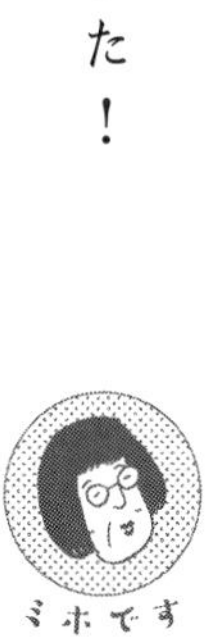

お隣の学生さんが引っ越しをされて、なんと隣の部屋が空いたのです！　奇跡です、奇跡が起きたのです。学生さん、神様ありがとうございます！

話し合いで姉は風呂トイレ別がいい、私はロフトが嫌だったので（ロフトって物を上げるのも下ろすのもとにかく大変じゃないですか？　夏は暑くなるし。私は荷物を見渡せる押入れが好きです）、隣の部屋の方がキッチンが狭いので一緒に料理する時はこっちの部屋で作りましょうという事になり、姉が隣の部屋に移動する事に。

いよいよ引っ越しできる10日前になった時、人によるのかもしれませんが、普通、隣の部屋でも引っ越しするならちょこちょこ荷物整理をするとか（大家さんが引っ越しする日より前でも荷物を移してもいいですよと言ってくれていた）、いらない物を捨てたりとかすると思うのですが、姉にまったくその気配がないのです。

私だったらインテリアどうしようかしら？　とワクワクするのですが、姉から引っ越し出来る喜びが全然感じられないのです。

姉は物を仕分けるとか整理するのが苦手なのでそれも嫌だったのかもしれません。このままでは何も進まないっ。イライラした私は、姉のいない時、一番の大物押入れから整理する事にしました。奥の方を探ってみると……ありますあります、ビリーズブートキャンプＤＶＤ、６、７年前にもらったぬいぐるみやらキーホルダーがいっぱい、衣裳用に買ったモコモコのニセ毛皮コートやら、いろんなシワシワの紙袋やら、使わない物ばっかりやないかい！


私はいらない物を捨てるとさっぱりして快感なのですが、姉はいる物といらない物の判別がつかないａｎｄ後で使うかもと思うようで、とりあえずなんでもとっておくのです。

勝手に捨てるのはよくないので、一応姉にどうするのか聞くのですが、そんな時もなんだか寂しそうな複雑な表情をしているのです。それでもＩＫＥＡに収納棚を見に行くというので、一緒に行ったりとすこーしずつ引っ越しが進み始めました。

引っ越し当日は、何年も手付かずだった姉のクリアボックスに満杯に入っている細々した物を2人で、いる物ボックスといらない物ボックスに分け、姉の物たちがかなり片付いたのでした。そして部屋が別々になり色々な問題が解決しました！
・朝どっちが先に風呂に入るか揉めなくなった
・姉のいびきにイライラしなくなった
・姉にトイレにこもられる事がなくなった
2間の部屋だったら、お風呂トイレ問題が解決しなかったので、逆に良かったのかもしれません。

☆良い所
・お互いの部屋で布団が縦に敷けてゆったり寝られるようになった
・隣の部屋だと気配があるので寂しくない怖くない
・すぐ行けてすぐ帰れる

家賃は高くなりましたが、それでもよかったと満足しております。

姉の謎のポリシーで、エッセイで皆さんに別々の暮らしになったと公表するまでは、インテリアはちゃんと揃えないと言うので、まだ姉の部屋にはＩＫＥＡの収納棚と布団と２匹の犬のぬいぐるみしかありません。

姉の部屋に行くと、いる所がないので布団の端に座りぬいぐるみをグリグリして、つまらないので３分で帰ってきてしまいます。

なので打ち合わせや、一緒に自炊をしてご飯を食べる時は、みほ部屋に姉が来るパターンになっています。今年はもう無理そうな気がするので、来年こそ姉の部屋で優雅なティータイムなどしてみたいものです。

▲姉の犬のぬいぐるみ。左の黒白の子がむすびちゃん、右がすこやかちゃんだそうです（変な名前！）。肌触りがいいのです。

IKEA放浪記

ふたり暮らしで、何もかもを共有していた暮らしから一転、何もかもがない暮らしになりました。みほさんは、何か必要なら持って行ってと言ってくれましたが、新しい部屋に見合ったものを少しずつ揃えていきたいと思い、ほとんどのものをみほさん宅に残して、隣の部屋に移りました。

私が引っ越したお部屋は、小さなロフト付きタイプ。お若い方、もしくは登山隊や消防団の方など日々昇降の訓練を積んでいらっしゃる方ならまだしも、お肌の曲がり角ならぬ、おひざの曲がり角に差しかかった私が、一日何回も10段のハシゴを使ってものを上げ下げする事は今後ますます厳しくなりそう。なので、ロフトは主に季節のものの収納場所にし、あらたな収納棚をまずは購入しようと思いました。

真っ先に頭に浮かんだのが、ＩＫＥＡです。少し前のお仕事でＩＫＥＡに伺い「姉妹が新生活を始めるとしたら」という設定で、色んな商品を見せていただいた事がありました。トータルコーディネートがしっかりされ、洗練と調和とおしゃれが同居する様々なディスプレイを拝見し、恋愛漫画の登場人物ばりに、目がハートに。私もいつか引っ越したら、ＩＫＥＡの素敵インテリアに囲まれた、素敵ライフを実現してみせるわ！　そう決意して、その日はふきん5枚組セットやら、取り皿など細々したものだけ買って帰ってきたものでした。

そんな私に、時は来ました。ついにＩＫＥＡライフを迎える時が！

みほさんにも付き合ってもらい、阿佐ヶ谷から一番近い立川店へ。ビビビと来るものがあれば、即買いしちゃうんだからと鼻息荒く店内をめぐりました。白いクロスの部屋なので、ロフト下の壁にピタッとはまるようなユニット家具希望。それも、衣裳をかける部分と、収納と、テレビ台がひと続きになっているようなものがあればと探すと、ちょうど用途に合いそうなものが1つありました。

「あとはサイズが合えばよね」とみほさんに言われて、そこではじめて、大型家具を買う時にはきちんと採寸してこなければいけない、という初歩中の初歩の事に気がつきました。エリコミステイク！　今まで、押入れと、カラーボックスと、クリアボックスに頼りっぱなしの人生だったのが、バレバレです。

結局その日は、お目当ての家具のパンフレットだけもらい、ＩＫＥＡ内のカフェでみほさんとソフトクリームとホットドッグをもそもそ食べて、帰宅しました。

その後、みほさんから借りたスチール製の巻き尺でいそいそと部屋を採寸。採寸中、エアコンの電源の差込口に巻き尺が接触し、ちょっと感電しかけたりもしましたが、なんとか測り終え、数日後、2度目の立川ＩＫＥＡへと向かいました。今回私が買おうとしている家具は、パーツを購入して組み立てる、ＩＫＥＡならではのシステム製品。以前いただいたパンフレットを参考に、どのパーツがいくつ必要か何度も計算して、今度こそ決めようと思っていました。

優しそうなスタッフの方に在庫確認していただくと、な、なんと棚の大本となる両サイドの柱が在庫切れ。スウェーデンから取り寄せになるが、船便になるので次いつ入荷するかわからないとの事。夢のＩＫＥＡライフが、早速ガラガラと音を立てて崩れていくようでした。

他店を調べてもらうと、在庫はあるようだけれど、店舗間での取り寄せは出来ないとの事。いつ来航するかわからないスウェーデン船を待つか、在庫のあるお店に自分で行ってそちらで購入するか。その時の私にはシェイクスピアの登場人物並みの、苦渋の選択。

結局、少しでも早く夢に近づきたいと、次のお休みの日に、船橋のＩＫＥＡに行く事にしました。

某日、ディズニーランドに向かうご家族やカップルと同じ電車で、ディズニーランドへの期待に勝るとも劣らぬテンションを胸に秘めながら、船橋ＩＫＥＡに乗り込みました。

アンニュイな雰囲気が、おしゃれＩＫＥＡにぴったりな男性スタッフさんに、経緯を話すと早速在庫確認。お目当ての柱部分はありました。しかし今度は、引き出しの引き出しを支えるための部分が在庫切れ。

引き出しの引き出しを、ああ、もうっ！

前回の立川から日にちが経っていたので、不思議でも何でもない、よくある事ではあるのですが、その時の私には信じられない事でした。

ここで、一切のＩＫＥＡを断ち切って、別の家具を探す事にするか。今までの私ならそうしたかもしれない、でも、今の私は違う、ここでＩＫＥＡと別れたら、一生おしゃれな人生なんて来やしない。諦めたら負けだわ！　今、冷静にみれば、単なる頭に血の昇ったおばさんです。

結果、船橋で揃えられるだけのパーツを購入し自宅配送を依頼、足りないものを買い付けに、再び電車で立川に向かう事になりました。

３度目の来店ともなるとすべてがデジャブのようでしたが、恐怖の在庫確認タイムも今度こそクリアして、ようやく、全パーツ購入出来ました。

組み立ての難易度を聞いた所、２人いれば女性でも組み立てている方多いですよ、もしトライして難しければ、その時点で組み立て依頼も可能です、と聞き、組み立てサービスは頼みませんでした。１００均やスーパーではムダ遣いを平気でするくせに、こういったお金は少しでもケチりたい、小さい人間の私です。

さて、いよいよ新居に家具パーツが届き組み立て開始です。

みほさんに協力してもらって、慣れない手つきで組み立て始めました。すっと行けた所も勿論あるのですが、私が持っていた１００均のメガネのネジなど締めるやわなドライバーセットでは、１ミリともネジが回らない所もありました。みほさんに試してもらうも、やはり無理。ご近所の先輩芸人、流れ星・瀧上さん宅から、大きめのドライバーをお借りして再びチャレンジするも、歯が立たず。

それでも大枠が出来、立ててみようとしたら、水平が取れず、バターン。ほぼバラバラに。組み立て直すも、グラグラ、バターン。みほさんからも「なんじゃこりゃァ」と、名優・松田優作さんばりのセリフが飛び出す程。何度目かでようやく形になり、いよいよ天板を取り付けようとした時。手元が狂って天板が、私の頭にドリフのコントのようにドガーン。みほさん、ちょっと笑ってました。

みほさんから「ネジも入らないし、グラグラするし。これはもう、諦めてすべて返品した方がいいんじゃない？」と言われたのですが、今までのおしゃれ部屋を目指しての苦労が水の泡になるかと思うと、思い切れませんでした。

みほさんが部屋に帰って、1人になり、ふと壁際に目をやると、途中まで組み立てられた白い棚。こんな状態でも、やはり素敵に見えるニクいやつです。私の部屋でのおしゃれライフはどだい無理なのかしら。こんな感じで、これからの人生もずっと上手くいかないんじゃないかしら。部屋におしゃれ家具一つを設置するのに、人生全体まで憂う事になろうとは思いませんでした。ひとり暮らしって大変です。

落ちてきた天板をもう一度設置しようと、少し背伸びして一番上の溝へ。天板、ぐらついて顔にドガーン。メガネが顔に埋まるかと思いました。

棚もしばらく放置の状態が続いた頃。事務所で一連の棚騒動の話をしていたら、きたろうさんのマネージャーでもあるIさんが「温泉おごってくれたら、その後、阿佐ヶ谷に見に行ってあげますよ」と。車を買ったばかりで、ドライブがてら温泉に行きたいけど、誰も行ってくれないから仲間を探していた、との事。

私達もちょうど温泉にでも行きたいと思っていたし、Ｉさんには私達のライブの制作スタッフとしても随分お世話になったので、２５００円程おごる事で、手を打ちました。

姉妹と、Ｉマネージャーと、作家のＴさんとおひとりさま4人で山梨の日帰り温泉を満喫し、帰りに阿佐ヶ谷の我が家へ。着いて早々に作業開始すると、不良だと思っていたネジが、スッと穴に入ったのです。私達ではビクともしなかったのに！　舞台を裏側から知り尽くした男I氏、恐るべしです!!

温泉帰りもあって、汗だくになりながらみんなで2時間ほど棚のパーツと格闘。２５０0円の温泉代のおごり位なら安すぎるほどのお働きでした。


そして返品話まで出ていた棚が、まさかの完成の運びとなりました。ＩＫＥＡさんすみません。私たちの力不足、経験不足でした。男性陣は温泉で疲れを取ったのが嘘のように、グッタリして帰って行きました。本当にありがたかったです。

出来上がった棚は憧れ通りスタイリッシュ！　みほさんも、最初この棚を見るたび「返品、返品」とオウムのように言っていましたが、最近は「おしゃれに見えるわね」と優しい感想も言ってくれるようになりました。

この棚のおかげで、新生活早々、色んな思い出が出来ました。

ふたり暮らしの時もそうだったけれど、それぞれ暮らしになっても、また色んな思い出を紡いでいけたらと思います。

▲いびつな角度の写真ですが、ようやく安定した形で立つようになった、マイフェイバリット棚です。白壁に白棚。みほさんにしては珍しい自発的なガッツポーズ、棚完成までの険しい道のりが見て取れます。

理想のゴミ箱を求めて

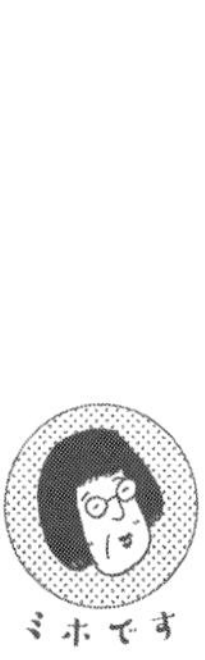

前回の私のエッセイに、姉の部屋にはＩＫＥＡの棚と布団とぬいぐるみしかないと書きましたが、私は部屋が別々になってから色々買い替えたのでした。

以前、先輩が引っ越しをした時、所属事務所の社長が引っ越し祝いに電化製品を買ってくれたと聞いたので、姉妹もいそいそと引っ越し報告に行くと、「隣が空いてよかったね」と喜んで下さり、３人で電気屋さんに行き、冷蔵庫２台、洗濯機２台を買っていただきました。ありがたや！（本当は隙あらば炊飯器も買ってほしかった……てへっ）

電化製品を替えたことでこの際、色々替えてしまおう！　とディノスやらベルメゾンの通販のホームページを連日ジロジロ見る日々。私はぼんやりしていますが、通販で物を買う時、パパッとこれでいいやみたいには買えず、気難しいのか気に入る商品も少なく、全種類見て、口コミも読み、サイズも何度も確認しないと買えないので、かなり体力を消耗するのですが、今回は思い切って色々買ったのです！

ゴミ袋ホルダー2つ、二口ガスコンロ、食器と食材の収納棚、スパイスラック、お玉立て、まな板、キッチンマット、バスマット2枚、洗濯ハンガー、セミダブルの敷布団、2枚合わせ掛け布団、掛け布団カバー2枚、敷パッド2枚、コタツ布団、コタツの下に敷くマットとカーテン。書き出すと結構買ったわねっ。

まず一番にゴミ箱探しから。今までは姉が300円ショップで買った、コンビニの袋を引っ掛ける式のゴミ袋ホルダーを使っていたのですが、すぐいっぱいになるし、ゴミも見えるしで床にビニールの底がついて使いづらかったので、フタ付きである程度容量があるので、いいのないかしらと探しました。

ベルメゾンで見てみると……まあああるわあるわ。今は色んな種類があるんですね〜丸いのやら四角いのやら2段式のやら、みほ困っちゃう！

最初に気になったのは、シンプルな白くてフタ、キャスター付きの大きいゴミ袋がすっぽり収まるタイプでした。キッチンはガスコンロ前しかゴミ箱を置く場所がないので、料理する時ゴミ箱を持ち上げるより、キャスター付きの方が移動出来て便利だなと思ったのです。

夜な夜なガスコンロ前をメジャーで測ります。燃えるゴミ用、プラゴミ用、びんカン不燃用の小さめのも買えたらと思っていました。ここに3つ置くとなると、結構場所を取るわね……踏ん切りがつかず、調べていると東急ハンズにも売っているというので、姉と見に行ってみました。おおっ真っ白！　想像してた以上に大きい！　2つ並べてみるとかなりの存在感です。姉も「でっかいね」と言っていました。

これは2つ並べられない……1つのゴミ箱の中にビニール袋を2枚引っ掛ける事も出来るので1つで燃えるゴミ&プラゴミ用にしようかとも思いましたが、それだとビニール袋を出す時にガシャガシャあたって取り出しづらそうだし、半分位の大きさのシリーズもあったのですが、それもピンとこず。第1希望落選。うーむ難しい。

しかし実物を見て気付いたのですが、ゴミ袋がすっぽり入るゴミ箱は丈夫で臭いも漏れなくて安心ですけど、汁が漏れて中が汚れた時洗うのが面倒だなと。大きいからお風呂場でしか洗えないし、ダメだダメだわ〜どうしよう〜。

またベルメゾンのページをぼんやり見ていると、これはっというのがありました。白いフタ付きのゴミ袋ホルダーです。これは、スチールの枠組みがあってゴミ袋を被せてフタをビニール袋の上にパカっとはめるタイプのでした。

おおこれなら、たまにフタを洗うだけでいいし、いいのでは!?

口コミを読んでみると、すっきりした外観、使いやすい、ゴミもいっぱい入るなど。いいじゃない〜。しかし一つ気になったのが、フタが弱い、フタの爪が割れた、フタが壊れた場合、替えのフタは売っていないとの事。何と！　枠はスチールなので壊れなさそうですが、フタはポリプロピレンと書いてあり、ゴミ袋を外す時フタも頻繁に取らないといけないし、長年使うと壊れそうです。

うーむ……でもこれ以上気にいるゴミ箱もなさそうですし、私は物に優しいから、フタにも優しくしようと思い、購入ボタンを押そうとした時……はっつっつ！　キャキャキャスターが付いてない!! 危なかった〜(汗)。キャスターが付いてないと移動する時いちいち持ち上げないといけないじゃないの〜。大した距離を移動する訳じゃないですけど、料理する時(そんなに頻繁にはしないですが)、出来る限り機能的にしたくないですか? 野菜の皮を捨てる時ゴミ箱を自分の側に持ってきたいし。

ベルメゾンをもう一度探しても同じシリーズのキャスター付きはなく、絶望していた時、ふとディノスのページを見ると……あっあったわ! 同じタイプのキャスター付きのがあったのですっ〜奇跡ですっ(見つけた時深夜3時位でしたが、興奮して朝まで寝られなくなりました)。見つけた喜びはあったのですが、そこは慎重派の私、じっくり口コミを読み、それから2日後購入に踏み切りました。

燃えるゴミ用とプラゴミ用の2つを購入。びんカンはなるべく買わないようにして、ゴミが出たらコンロ脇に置いています。姉に見せたら「でっかいね」と言ってあまり気に入ってないようでした。

まあ私はこれでよかったと満足しています。こちらもやるだけやりましたし。ゴミもいっぱい入りますし、移動も楽、フタも洗えますし。フタが割れないように優しく優しく接しています。

私の苦労を知らない姉が時折、バターン！　とフタを閉めたり、平気でフタの上に鍋を乗せていたりするので、背後から睨み付けたりしています。

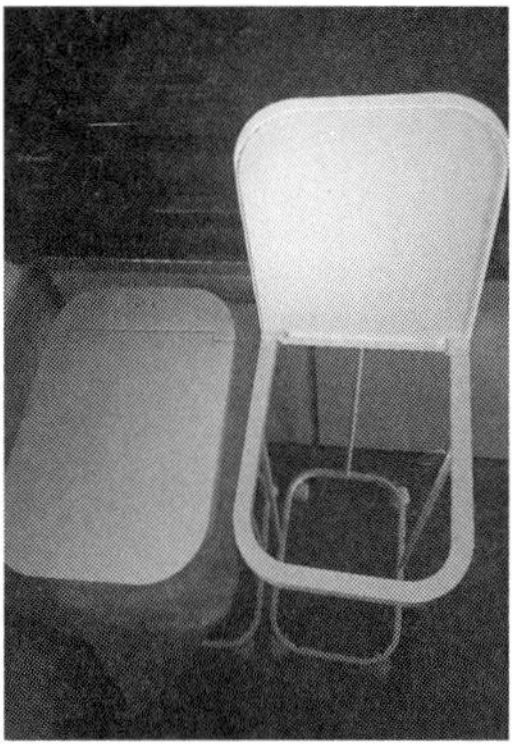

▲我が家のゴミ袋ホルダー♬　残念な事にプラゴミ用のフタの爪が１つ知らないうちになくなって、パカパカするようになってしまいました！　ディノスさん！　フタの替えだけ売って下さい！

自分の分だけのシチュー

みほさんが、自分の分だけ、シチューをよそってきました。この一見なんともない当たり前の行為に気持ちのぐらついた、小さい人間のお話を聞いていただけたら。

引っ越ししてそれぞれ暮らしになっても、お隣同士ということもあって、お昼や夕飯は一緒に食べたりします。私がどのような家具調コタツを買うか、いまだに迷っているためテーブルがなく、まだこちらでは食卓を囲めません。

また、みほさん宅には、二口コンロのスペースがあるのですが、エリコ宅は備え付けの一口コンロしかなく。だからと言ってみほさん宅でばかり調理していては、ガス代のバランスが悪いので、メインはみほさん宅で作って、副菜1品をエリコ宅のキッチンで、そそと作って持って行ったりしております。先日はピーマンの煮浸し、その前はビーフストロガノフ風煮込みを持っておじゃましました。

この日は、みほさん主導でかぼちゃのシチューを作ってくれたので、私はちょっとしたお手伝いをすまし、副菜やスプーンなどをテーブルに並べて、部屋でテレビを見ていました。

するとみほさんは、湯気の出る根菜たっぷりの美味しそうなシチューを、自分の分だけよそってきて、いただきますと言って食べ始めたのです。

あれ？　私の分は？　と思ってしまった私。みほさん、お皿1杯分のシチューを作ったわけじゃないわよね。1杯のかけそば的な感じで、数口飲んだら私に食べる順番が回ってくる訳じゃないわよね。

ということは、私の分は、台所から自分でよそってって事なんですね。

ふーん、私がお料理作った時は、たいてい2人分テーブルに持ってくるけど。確かにお互い自分の分だけ持ってくる時もあるけど、そういう時は「自分の好きな分、よそって下さい」とか、ひとこと声かけするし、みほさんも今まではしてくれていたし。

ケンカした訳でもなく、みほさんの機嫌もそんなに悪くもないように見えてたけど。むしろ狭い台所でまあまあな連携プレーでお料理作っていたはずなんだけど。うーん、私なら持ってくるけどな。

これが前からずっとだったり、今日に限ってなら、ここまで気にかけなかったかもしれないのですが、実はみほさん、この間のシチューの時もよそってきてくれなかったのです。引っ越してから2回目!!

ふーん、そうなんだ、ふーん。

2人の部屋からみほさんの部屋になったとて、間取りは変わらず6畳1Kの狭い部屋です。コタツから立ち上がり、シチュー鍋まで5歩。自分の好きな分をよそって、また5歩。おそらく何カロリーも使わぬ動作で、シチューをゲットできます。

いい歳をした女が、「なぜシチューをよそってくれないの」と、同じ位いい歳をした女につっかかるなんて、何だかあまりに器の小さい人間のようで言葉に出せず。普通に自分でよそってきて、普通のやりとりをして、ごちそうさまをして、隣の部屋に戻りました。

自分の部屋に戻ってから、何だか無性に切ない気持ちになってしまいました。理由は間違いなく「シチューをよそってもらえなかった」という1点。こんな小さな事に引っかかっている自分も情けないのだけれど、どうにものどに刺さったお魚の骨のように、気にかかってしかたないのです。

しばらく、みほめ〜あの冷血人間め〜なんてカリカリしていましたが、こう考え始めました。「私だったら、持ってくるけど」という考え方が違っているのかしら。

私がそうしているから、あちらにもそうしてもらえるものだと思っている所から、ものさしが狂い始めるのかも、と。

実際夫婦でも家族でもない2人が、たまたま生活様式を共にしているだけで、本来は個個。むしろ、私がみほさんにしている事は、頼まれてやっている事でもなく、こちらがよしとしてやっている事なのだから、それを相手に勝手に求めて勝手に腹を立てたりするのは、変な話で。やってもらう事は「必須」でなく「サービス」なのだ。そう思うと、落ち着いてきました。

次の食事の時、豚汁だったのですが、みほさん私の分もよそってきてくれました。

いや、持ってこないパターンで通さへんのかい！　心の中で下手な関西弁ツッコミしましたが、いつもよりさらにありがたく、美味しくいただけました。

みほさんの豚汁は、しょうが多めで白滝入りで、シチューに負けず劣らずとても美味しいです。

▲問題のかぼちゃのシチュー。みほさんのシチューは人参もかぼちゃも皮をむきません。栄養価が高いそうです。時々ゴリッとして、歯が折れたかとドキッとしますが、皮のワイルドな食感だったりします。

おわりに

木村美穂（阿佐ヶ谷姉妹・妹）

エッセイを書く事になった時には、書く大変さをまったくわかっていませんでした。いつもぼんやりと生きていて、皆さんに私の思っている事を聞いてもらいたい欲求があまりない性格なので、エッセイをなんとか4本位書いた辺りから、あれ？　ネタがないなと焦る日々。姉妹とも苦しい事からすぐ逃げるタイプなので、エッセイの締切を守れたのは、1、2回です。おこがましいと思いますが、井上ひさし先生並みに筆が遅いのです。

こうやって遅いペースで書きためたエッセイが1冊の本にまとまり読み返してみると、そんなに月日が経っていないのに、ああそうだったと忘れている事も多々あります。お隣暮らしになって、エリコ過多は解消されましたが、同居していた方がエッセイのネタがたくさん生まれるし、思い返すと貴重な時間だったのかもしれません。

老後に姉とこんな風だったわね〜と楽しく読み返せればいいなと思っております。

編集の方から、小説も書いてみませんか？　と提案してもらい、小説の「し」の字もわからなかったのに、たくさんアドバイスをいただいたおかげで、私の好きな物をたくさん詰め込んだ小説を書く事が出来ました。

エッセイにご登場頂いた皆様、本をご購入下さった皆様、そして阿佐ヶ谷の街、今も住んでいるこのアパート、差し色の大竹マネ、編集の羽賀さんに感謝申し上げます。

ふたり暮らしから、お隣暮らしへ　～「その後の姉妹」対談～

同居は解消したとはいえ、今も隣同士で暮らす阿佐ヶ谷姉妹。そんな2人の最近の暮らしぶりを対談形式でお届けします。

――この本は2人が隣同士の部屋で暮らし始めたところで終わっていますが、その後の生活に変化はありましたか？

エリコ　ほんとに距離の近いお隣同士ということで、私の部屋でそうめんを茹でて、みほさんの部屋に持っていって2人で食べたりの日々です。

ミホ　私のほうからは、キウイを切ってヨーグルトをかけたものを作って、そうめんと一緒に食べたり。スープをお椀に1杯もらったお返しのヨーグルトだったのかしらね。

エリコ　そのスープはプチトマト4つもらったお礼だったのよね。

ミホ　なんでプチトマト4つあげたんだろう？

エリコ　栄養補給のためを思ったんじゃない？

ミホ　あとうちの豚肉をちょっとあげたりね。

エリコ　豚肉がほんのひとブロックだけ足りないからわけてって言ったら、「お姉さんセコいわねー」なんて言われたわね……。

ミホ　この前もこっちの豚肉を使ったんだから、うちのばっかり使って！　みたいな意味ですよ。

エリコ　あらやだ、ちょっと小競り合い始まっちゃってました（笑）。

――昔は食材も一緒に買ってたわけだから、状況は変わりますね。

ミホ　折半でしたね。冷蔵庫も1つだったし。

エリコ　今はそれぞれに冷蔵庫もあるから。
ミホ　冷蔵庫はおそろいのを買ってもらって。
エリコ　洗濯機は場所の関係で、みほさんのほうがワンサイズ小さいのよね。私の家のほうはガスコンロが１口で、どちらかというと私のほうがよく料理していたから、みほさんの家の２口のほうが使い勝手はいいんだけど、今は私の家で調理して、みほさんの部屋に持っていって、仕上げの調理をしたりと、楽しくやってます。
ミホ　そうね。

ムロツヨシさんから届いた大きすぎるテレビ

――前は寝食を共にしてたわけですが、今お互いの家で寝たりとかはありますか？
エリコ　ネタを考えてる途中に、私がみほさんの部屋でゴロ寝をしてしまうこともあるんですけど、私がいびきをかくんでしょうね、そのうちにみほさんから「起きてく

ミホ　ださい、今日はおしまいです」って言われて帰ることがあります。

エリコ　最初のほうはお姉さんの部屋にテレビがなかったので、こっちにテレビを見に来てたんですけど、今はムロツヨシさんからお祝いでテレビをもらったので……。

ミホ　「THE W」で優勝したときに、引っ越し祝いと一緒ということでテレビをもらえることになって。基本的にはみほさんの家にはテレビがあったので、1台でよかったんですけど、どうせなら2人にということで。私の部屋にはIKEAの棚があって、それにお洋服もテレビも全部を収納するというのが夢だったんです。そこにちょうどハマるテレビが32インチまでだったので、「いただきもののことなのにリクエストするのはあれだけど、32インチまでのものがいいです」とムロさんに伝えたにもかかわらず、気前がよすぎて43インチのテレビを下さって……。

エリコ　棒がね……。

ミホ　大きいのをいただけたのはうれしいけれど、棚についている柱の1本をはずして、なんとかテレビをそこに入れることには成功したけど、テレビの両端に棒がかぶっちゃってね。朝の番組とかに出てくる時刻とかが見えない状態なんです。

ミホ　それが見えないとね……。

エリコ　みほさんが来るときは若干斜めにずらして見てもらったりしてます。でも、うちで朝にテレビが見られるなんて夢にも思わなかったのでありがたい話ですね。

——2人で暮らしていたときは、テレビのチャンネル権というのは？

エリコ　争いはあんまりなかったかな。

ミホ　だいたいお姉さんが録画したものを見てましたね。

エリコ　バラエティこれが面白いよっていうものを見たり、あとは姉妹で出た番組で、みほさんが面白い部分を見せるということはありましたね。

ミホ　私は自分の出ているものは見たくなくて。でもお姉さんは見るのが大好きで。

エリコ　みほさんは自分が出て大変だったシーンを見るとじんましんが出るので。あとはみほさんは猫とか動物よね。でも、それも難しくて、地上波の動物番組って、シンプルに犬や猫のことを映している番組だったらいいんですけど、ちょっとそこに感動の秘話とか、動物と人間の交流、視聴者投稿の「こんなかわいいんですよ！」みたいな場面があると……。

――どうなるんですか？

エリコ　みほさんの食いつきが悪くなるんですよ（笑）。

――そういうことなんですか！　もしかして、意図があるものが嫌なんですかね。

ミホ　自然なほうがね。

エリコ　そうなんですよ。制作側とか人間の思惑が入ってくると引くというか。猫がねこじゃらしを使われてても、あきらかに意図があると寄ってこないみたいなところがみほさんにもね……。

――みほさんが猫みたいってことですね。

とにかく猫しか見たくないみほ

エリコ　あとは、みほさんが、最近録画のできる最新のブルーレイレコーダーをプレゼントされてね。それでいろんな機能があるので、おまかせ録画の設定をやってあげたんです。阿佐ヶ谷姉妹って入れたり、みほさんのリクエストで「ねこ」「ネコ」「猫」ってひらがな、カタカナ、漢字で設定して。そしたらね……。

ミホ　いろんな猫の番組が録画されるようになったんですけど、MXテレビで深夜にやっているヘッドラインニュースが毎日録画されるようになって。その番組って毎日同じ猫のVTRの下のほうにニュースが字幕で出てくる番組なので、ここ三か月くらいずっと同じ猫の映像を見てるっていうね。

エリコ　その尺もけっこうなのよね。

ミホ　その録画がつもりつもって400番組くらいになってしまって。

エリコ　さすがの最新のハードディスクもぱんぱんよね。でも、わりと好きなのよね。

ミホ　静かに見てられるからね。

エリコ　私がみほさんにおススメしたものはいっぱいあったけど、みほさんから私に見てって言ってきたのはＭＸテレビの猫だけなのよね。

――ほかに、引っ越してからの変化ってありますか？

エリコ　引っ越ししたら、お互いの部屋をもっと行ったり来たりするかと思っていて、1部屋が2部屋になるイメージを抱いてたんですけど、思ってた以上にみほさんが私の部屋によりつかなくてね……。

ミホ　ふふふ。テレビもなかったしね。

エリコ　テレビがくるまでに時間があったし、私の部屋の床がフローリングで、最初はラグやカーペットもなかったので、床の問題だったんでしょうね。居着いてくれなくって。なんか私の部屋で用事があっても、よほどのことがない限り、話し終わったら帰りますって。逆に私にとってみほさんの部屋は馴染みのある空間だし、居心地が良くてうとうとすると帰ってくださいっていわれるし。

ミホ　床に底付き感があってね。

エリコ　その頃はうちでご飯を食べる？　って聞いても、みほさんは自分の部屋のほうがいいですって言って拒んでいたけど、やっと私の部屋でも食べてくれるようになって、居着いてくれるようになってきて。

――それはどんな理由があったんですか？

エリコ　最初、みほさんの部屋にもあるようなキルトのマットを買ったんですが、もうちょっといいのが欲しくなって、3センチくらいのマットを買ったら居着くようになったんです。夏のあいだも、そんなに涼しくもないんですが、うちで寝るまでになって。この前は、日付を越えてたわね。

ミホ　3時間くらい寝たわね。

エリコ　11時くらいに寝始めて、3時くらいに見たらまだいたんだけど、朝にはいなくなってて。ああ帰ったんだなと。

――また猫みたいなエピソードですね（笑）。

ミホ　なんか、マットの上に寝てたときに、なぜか足元に小さい手ぬぐいがかかってて、これなんなの？　ってことがあったわよね。

エリコ　みほさんが裸足だったから、風邪ひかないようにって思って。でも、バスタオルは洗っててまだ乾いてなかったし、あんまり布団とかをかけて暑すぎてもいけないしと思ったら、足元に手ぬぐいをかけるという選択をね……。

――足だけ地肌が出てたんですね（笑）。

エリコ　風邪ひいてお仕事に支障があったらいけないしと。でも、こんな話が文庫の後ろに載っていいのかしら。最近、みほさんからの話題って、敷きパッドの話ばっかりだわね。

ミホ　一回、冬に敷きパッドは買ったんですよ。リバーシブルで表と裏とどっちでも使えるバージョンになってて、表は冬用のぬくぬくした感じで、裏面は綿でできてるからオールシーズン使えますっていうものだったんですけど、オールシーズン使えるっていうから夏にも使ってたら……ものすごく暑くて！

——（笑）暑いに決まってますよね！

ミホ　使えないなって思って（笑）。

エリコ　ちょっとみほさん、ここ、なんでも話せばいいって場じゃないわよ！

——いいんですよ、こういう話が聞きたいんです（笑）。

ミホ　結局、いいのをディノスで見つけたんですが、それが9000円くらいしてね。

エリコ　そういうのってファミリー層がメインの西友にはないのよね。セミダブルって難しいのよね。

涙は今でもシンクロしがち

――同居されてた頃、みほさんがセミダブルの布団を買ったことでえりこさんは押しやられてましたが、ここにきて、セミダブルの呪縛がまた……。ところで、最近はどこか新たに散歩をして行きつけのお店ができたりは。

エリコ　この間、荻窪を散策していて、うなぎ屋さんに入ってみたんですけど、お座敷に上がるところで靴を脱ぐスタイルになっていて、上がるときは私がみほさんの靴をしまってあげたのに、帰りに靴を取り出すときにみほさんが私の靴を出してくれて。そしたらみほさん「どうだ優しいだろ、あー優しいなーみほさんは」って随分悦に入っていて。私が靴をしまったことにはノータッチなのに、いい性格してるなって思いましたね。

――本の中のカレーの話もみほさんの温かさが出てはいましたが、みほさんの優しさは、普段なかなか出てこないからこそ染みる話になってしまうという（笑）。

エリコ　私が落ち込んでたときにみほさんは食べないバーモントの甘いカレーを作ってく

れた話ですよね。あのときもみほさんは「これで私の優しさが伝わったでしょう」って言ってたわよね。

――みほさんは、甘いカレーを作るとき、どんな気持ちだったんですか？

ミホ　あの日は朝から突然お姉さんが号泣してて、朝からおばさんが声出して泣いてるのを見たら、あんまり面白かったたし、かわいそうにもなってきて、カレー作るならバーモントにしようかなって。

――ちゃんと人の気持ちも……。

ミホ　わかりますね。私もたまにはね。

――えりこさんはこのとき以外で泣かれたことは？

エリコ　番組の収録でなんであのときこう言わなかったんだろうと思ったときには、ユニットバスで1人泣いたことはあったし、テレビを見てて泣くこともありましたが、号泣はあのときだけですね。

――みほさんが泣くことはあるんですか？

エリコ　みほさんが泣いたのは、由紀さおりさんと安田祥子さんのコンサートのビデオを見たときよね。

ミホ　感動だったわね。

エリコ　MCでこれまでの歩みを語っているところで、お2人が上を向いて涙をこらえてたところを見たら、私も泣けてきて。隣でみほさんを見たらみほさんも泣いてたのよね。

ミホ　でも今年の単独ライブのときにお客さんにありがとうございますっていうところでちょっと泣いたわね。

——私は初日に見させてもらったんですが、そのときはぜんぜん泣きそうにならなかったのに！

エリコ　初日は欧陽菲菲さんの歌のところでいろいろあったので泣かなかったわね。その日以降は泣いてしまって。でもみほさんがせっかくこみあげてるときに、隣で私まで号泣してたら引くかもしれないと思って、制御してたところもあったのよ。

ミホ　確かに2人が号泣してるとなかなか泣けないかもね。

エリコ　ほんとは私だって泣きたいわ、みたいなことはあるの？

ミホ　そういうのはないですね。

エリコ　強い女ねえ。

ミホ　一番1人で泣いたのは、夜中に『北の国から』を見てたときですね。蛍ちゃんが結婚するんだけど、実は不倫の末にお腹には赤ちゃんが宿っていて、その赤ちゃんの父親とは違う人と結婚することになったのに、五郎さんは何も知らずに無邪気に喜んでいて。

エリコ　あそこは泣くわねー。

ミホ　大泣きした記憶はそれくらいですね。
エリコ　やっぱり何かみほさんには侍みたいなところがあるのよね。
ミホ　人前で泣くのは恥ずかしいみたいなね。
――みほさんは侍で猫なんですね……。
エリコ　猫侍ね。
「あなた私がいてよかったね」
――最近は、ほかの女芸人さんとの交流がブログに載ってたりしますね。
エリコ　2人だとそれこそ敷きパッドの話しかしないから。
ミホ　交流が必要って思ってたんです。
エリコ　みほさんからそういう話があったのよね。ずっとこのところお姉さんとしか交流

ミホ　してないって。でも、そのわりに自分では声をかけないというね。それで「ＴＨＥ Ｗ」に出られた方と飲み会をしたいということでお姉さんが連絡をして。

エリコ　前年にもそういう飲み会があったという話を伺っていたので、直前にダメ元で声をかけたら、みなさんが阿佐ヶ谷に来てくださって。その直後に引退して沖縄に帰られた方とかもいて、やっぱり一期一会だし、こういう機会は必要だなって。

——最近はみほさんの「エリコ過多」はどんな感じですか？

ミホ　部屋が別になったので「エリコ過多」は大分解消されましたね。

エリコ　東京以外の場所に仕事で行くときとかも、新幹線は行きは一緒だけど、帰りは別とか、そういうバランスもとれていて。やっぱり朝ごはんを新幹線で食べるときとかに、１人で食べるときは並びのほうが安心だし。打ち合わせみたいなこともするのよね。

――昔は芸人さんて離れて乗るイメージありましたが、今はそうでもないみたいですね。

エリコ　事務所の先輩のシティボーイズさんは、飲み会のときも誰がセッティングしているわけでもないのに、自然と隣同士に座ってたりしますね。煙草を吸いにいくときも、大竹さんときたろうさんが一緒に行かれたりね。

ミホ　私たちも新幹線は隣が多いわね。

エリコ　たまに気を遣って前後で席をとってくれてたりすると、後ろにいるみほさんに私がちょっかい出したりね。

ミホ　でも、この前一日中、姉妹で一緒の日があって、そのときは過多だと思いましたね。東京駅に着いたときに撒こうかと思ったのに、お姉さんついてきちゃった。

エリコ　え、何？　ついてきちゃったって。

ミホ　いやーお姉さんついてきたなー、撒けないなーと思って（笑）。土日祝日だったから、快速で荻窪まで行って、そのときに1人で帰ろうと思って。そのとき気づいたわよね。

エリコ　そこでなんとなく撒かれたのかなって思ったわ。みほさんて歩くのがゆっくりしているから、後ろにいると思ったら先に行ってることもあって。「みほを見くびってたわ」って。そういうことがあるから、前は離れたらLINEで連絡してたんですが、最近は撒かれるパターンもあるんだなと……。

ミホ　前からやってましたよ。

エリコ　最近は堂々とやってる感じはあるわね。

――荻窪から歩いたりすることもあるんですね。それって健康のためもあるんですか？

ミホ　単独の前に、やっぱり体力もつけないといけないしねって。

エリコ　ネタあわせも兼ねてぶつぶつ言いながらやってます。1人じゃ怖いから一緒にランニングしようって言って。首に手ぬぐいを巻いて、ポシェットかけて夜中にね。でも、その姿を見られて、「阿佐ヶ谷姉妹がウォーキングしてる」ってツイッターに書かれて、ああ……私たちにはランニングのつもりでも、人様にはウォーキングにしか見えないんだなと。単独の後はランニングを断念してしまいましたね。

ミホ　単独の頃は、夜中に走りながら歌の練習もしてたから怖かったかもね。「うぬぼれワルツ」とか。

エリコ　「ランバダ」とかを小声でぼそぼそ歌ってたものね。

――その単独のとき、きたろうさんが作詞された新曲を歌われてて、「あなた私がいてよかったね」という歌詞にすごくぐっときたんです。そんな風に思うことは？

エリコ　ネタを書いてる途中、いつの間にか気づいたら「好きなフルーツベスト5」とかを考えてるときがあったんですけど、最近、峰不二子になったらどうするって話になって。私は普段できないような、ボンデージファッションで決めて髪をなびかせて、自分の顔よりも大きなバズーカをぶちかますっていう答えに行きついて、みほさんはどうなのって聞いたら……。

ミホ　胸の間にくるみを挟んで叩き割るって。

エリコ　私はそのとき、ぜんぜん自分の想像の及ばないことを考えられるすごい発想の人とコンビを組んでるんだなって。私ってつくづく凡人だし、みほさんが隣にいてよかったなって、改めてリスペクトの感情を持ってしまって。でも、そんなこと

ミホ　話しててもネタは一つも進まなかったわね。
そのときは何も生まれなかったわね（笑）。

聞き手・構成　西森路代

扉イラスト　史緒
本文写真・イラスト　阿佐ヶ谷姉妹

この作品は二〇一八年七月小社より刊行されたものです。

幻冬舎文庫

●最新刊
ぷかぷか天国
小川 糸

満月の夜だけ開店するレストランでお月見をしたり、三崎港へのひとり遠足を計画したり。ベルリンでは語学学校に通い、休みにクリスマスマーケットを梯子。自由に生きる日々を綴ったエッセイ。

●最新刊
スーパーマーケットでは人生を考えさせられる
銀色夏生

スーパーマーケットで毎日買い物していると、深い思いにとらわれる。客のひとこと。連れられている赤ん坊の表情。入り口で待つ犬。レジ係の人の対応……。スーパーマーケットでの観察記。

●最新刊
続・僕の姉ちゃん
益田ミリ

辛口のアラサーOL姉ちゃんが、新米サラリーマンの弟を相手に夜な夜な繰り広げる恋と人生について。本当に大切なことは、全部姉ちゃんが教えてくれる!? 人気コミックシリーズ第二弾。

●最新刊
ついに、来た?
群ようこ

働いたり、結婚したり、出産したり、離婚したりしているうちに、気づいたら、あの問題がやって来た? 待ったナシの、親たちの「老い」が!? シリアスなテーマを、明るく綴る連作小説。

●最新刊
もっと、やめてみた。
「こうあるべき」に囚われなくなる暮らし方・考え方
わたなべぽん

「ボディーソープをやめたら石けん作りが趣味に」「無理に友達を作るのをやめたら、むしろ交友範囲が広がった」など、やめてみたら新しい自分に出会えた実体験エッセイ漫画第二弾。

阿佐ヶ谷姉妹《あさがやしまい》の のほほんふたり暮《ぐ》らし

阿佐ヶ谷姉妹《あさがやしまい》

令和2年2月10日　初版発行
令和6年9月30日　24版発行

発行人――石原正康
編集人――高部真人
発行所――株式会社幻冬舎
〒151-0051東京都渋谷区千駄ヶ谷4-9-7
電話　03(5411)6222(営業)
　　　03(5411)6211(編集)
公式HP　https://www.gentosha.co.jp/
印刷・製本―中央精版印刷株式会社
装丁者――高橋雅之

幻冬舎文庫

ISBN978-4-344-42938-3　C0195　　あ 74-1